Birkhäuser

Baukonstruktionen
Band 7

Herausgegeben von
Anton Pech

Anton Pech
Karlheinz Hollinsky

Dachstühle

unter Mitarbeit von
Peter Stögerer
David Krieger

zweite, aktualisierte Auflage

Birkhäuser
Basel

Dipl.-Ing. Dr. techn. Anton Pech
Dipl.-Ing. Dr. techn. Karlheinz Hollinsky
Wien, Österreich

unter Mitarbeit von
Bmst. Dipl.-Ing. Peter Stögerer
David Krieger BSc.
Wien, Österreich

Projektmanagement: Mag. Angelika Heller, Birkhäuser Verlag, Wien, Österreich
Layout und Satz: Dr. Pech Ziviltechniker GmbH, Wien, Österreich

Reihencover: Sven Schrape, Berlin, Deutschland
Druck und Bindearbeiten: BELTZ Bad Langensalza GmbH, Deutschland, Bad Langensalza

Library of Congress Cataloging-in-Publication data
A CIP catalog record for this book has been applied for at the Library of Congress.

Bibliografische Information der Deutschen Nationalbibliothek

Die Deutsche Nationalbibliothek verzeichnet diese Publikation in der Deutschen Nationalbibliografie; detaillierte bibliografische Daten sind im Internet über http://dnb.dnb.de abrufbar.

Der Abdruck der zitierten ÖNORMen erfolgt mit Genehmigung des Austrian Standards Institute (ASI), Heinestraße 38, 1020 Wien.
Benutzungshinweis: ASI Austrian Standards Institute, Heinestraße 38, 1020 Wien
Tel.: +43-1-21300-300, E-Mail: sales@austrian-standards.at

Dieses Buch ist auch als E-Book (ISBN PDF 978-3-0356-0925-7) erschienen.

© 2017 Birkhäuser Verlag GmbH, Basel

Postfach 44, 4009 Basel, Schweiz

Ein Unternehmen von Walter de Gruyter GmbH, Berlin/Boston

Gedruckt auf säurefreiem Papier, hergestellt aus chlorfrei gebleichtem Zellstoff. TCF ∞

Printed in Germany

ISSN 1614-1288
ISBN 978-3-0356-1127-4 (2. Auflage, Birkhäuser)
ISBN 978-3-211-23747-2 (1. Auflage, Springer)

9 8 7 6 5 4 3 2   www.birkhauser.com

Vorwort zur 2. Auflage

Nachdem die Fachbuchreihe Baukonstruktionen mit ihren 17 Basisbänden eine Zusammenfassung des derzeitigen technischen Wissens bei der Errichtung von Bauwerken des Hochbaus darstellen soll, waren durch die Änderungen an der Normung Anpassungen der Inhalte erforderlich. Es wird weiterhin versucht, mit einfachen Zusammenhängen oft komplexe Bereiche des Bauwesens zu erläutern und mit zahlreichen Plänen, Skizzen und Bildern zu veranschaulichen.

Wie schon im Vorwort zur ersten Auflage 2005 beschrieben, ist am Dach Holz als Baustoff für die Verwendung von Dachkonstruktionen nach wie vor von enormer Bedeutung. Der Basisband „Dachstühle" gibt im Vergleich zum Sonderband „Holz im Hochbau" einen wesentlich umfassenderen Überblick über die gängigen Konstruktionssysteme der Dachstühle, vor allem der zimmermannsmäßigen Konstruktionen. Die Änderungen zur ersten Auflage betreffen hauptsächlich die neuen Bemessungsvorschreibungen des Eurocode 5 hinsichtlich der Dimensionierung der Stäbe und auch der Knotenverbindungen und Verbindungsmittel.

Der Herausgeber

Vorwort zur 1. Auflage

Die Fachbuchreihe Baukonstruktionen mit ihren 17 Basisbänden stellt eine Zusammenfassung des derzeitigen technischen Wissens bei der Errichtung von Bauwerken des Hochbaues dar. Es wird versucht, mit einfachen Zusammenhängen oft komplexe Bereiche des Bauwesens zu erläutern und mit zahlreichen Plänen, Skizzen und Bildern zu veranschaulichen.

Das Dach ist die Urform menschlicher Behausungen, bei dem Holz als Baustoff für die Verwendung von Dachkonstruktionen – zumindest im Wohnhausbau – nach wie vor enorme Bedeutung zukommt. Aufgrund des geringen Gewichts, der schnellen Montage, der Elementierbarkeit und der modernen Verbindungstechnik werden auch in Zukunft Holzdachstühle in Verwendung sein. Der Band „Dachstühle" gibt einen Überblick über die gängigen Konstruktionssysteme, die im Altbau und Neubau angewendet werden, bis hin zu Sonderformen, Dachgauben und modernen Konstruktionen. Ebenso werden konstruktive Ansätze gezeigt und erläutert sowie Hinweise gegeben, den Bestand zu analysieren und konstruktive Maßnahmen zu setzen, um eine spätere Dachraumnutzung zu ermöglichen. Weiters werden die Prinzipien der Dachaussteifung erläutert und Konstruktionsvorschläge angegeben.

Der Herausgeber

Fachbuchreihe BAUKONSTRUKTIONEN

Inhaltsverzeichnis Band 7: Dachstühle

Dachformen und Holztechnologie

Das Dach ist die Urform menschlicher Behausungen. Während früher handwerkliche Tradition und ortsübliche Dachdeckungen für regional typische Dachformen und Dachlandschaften sorgten, ging mit dem Aufkommen neuer Bauaufgaben sowie neuer Materialien und Technologien auch die einheitliche Dachgestaltung verloren. In der konstruktiven Ausbildung ist den Dächern jedoch nach wie vor gemeinsam, dass jedes Deckungsmaterial durch ein Tragwerk gestützt wird, dessen Gestalt primär aus den baulichen Gegebenheiten (Spannweiten, Bautiefen) und den Möglichkeiten des Deckmaterials (Dachneigung) herzuleiten ist (siehe Band 8: Steildach [15]).

Tabelle 070|1-01: äußere und innere Einflüsse auf das Dach [11]

Einflüsse von außen	Maßnahmen
Regen, Tauwasser	Dachhaut
Hagel	Dachhaut – mechanische Belastbarkeit, Unterkonstruktion
Schnee, Eis, Wasserstau durch Eis	Dachhaut, eventuell Unterdach
Wind	Winddichtung
Sonne:	
– Wärme	Dachhaut bzw. Schutz der Dachhaut
– UV-Strahlung	Schutz der Dachhaut
Kälte im Winter	Eisausdehnungsmöglichkeiten
mechanische Belastungen:	
– Hagel, Eisdruck	Festigkeit Dachhaut, Belastbarkeit Unterkonstruktion
– Wind	Vorsorge gegen Abheben der Dachhaut
– begehbar	Gehbelag
– Wärmeausdehnung	Schutz der Dachhaut, Gleitmöglichkeit
– Wurzelfestigkeit	Dachhaut, Dachaufbau
chemische Belastungen:	
– aus der Umwelt	chemische Belastbarkeit Dachhaut
– aus der Begrünung	geeigneter Dachaufbau
Wasserablauf	Dachrinne und Fallrohr außen bei geneigtem Dach
Einflüsse von innen	**Maßnahmen**
Wärme im Winter	Wärmedämmung (Wärmeschutz im Sommer)
Wasserdampf	Dampfsperre unter der Wärmedämmung
Einflüsse vom Dach	**Maßnahmen**
Lawinen	Schneefanggitter, raue Dachhaut
Eiszapfen, Vereisung der Rinnen	Rinnenheizung

Die Einflüsse auf das Dach und die Deckungsmaterialien beeinflussen dessen Tragkonstruktion.

Abbildung 070|1-01: Einwirkungen auf das Dach

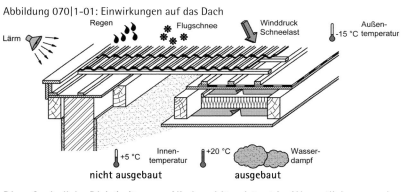

Die erforderliche Dichtheit gegen Niederschläge hängt im Wesentlichen von der Neigung des Daches und dem gewählten Eindeckungsmaterial ab. Bei wasserdurchlässigem Material und großer Fugenanzahl ist die Dachneigung für eine einwandfreie Ableitung des Wassers ausschlaggebend. Schnee, Hagel und Eis stellen außer ihren Krafteinwirkungen keine weiteren Anforderungen an die

Dichtheit, es muss jedoch darauf geachtet werden, dass bei Tauwetter mit Nachtfrösten die Dachentwässerungen nicht einfrieren.

Entsprechend der Dachgeometrie ergibt sich ein für Wohnzwecke nutzbarer Dachraum, der einerseits von der Dachneigung und andererseits von der Drempelhöhe beeinflusst wird.

Abbildung 070|1-02: Dachgeometrie und nutzbarer Dachraum

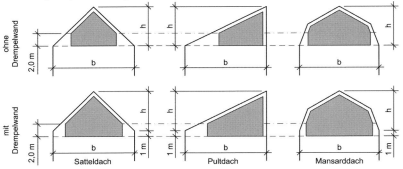
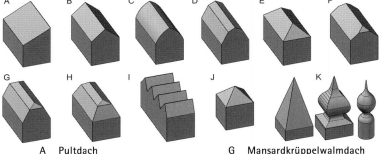

Dachneigung und Drempelhöhe sind entscheidend für die Nutzungsmöglichkeiten.

Dachformen und Bezeichnungen

Die große Formenvielfalt bei den Dächern kann auf einige wenige Grundformen zurückgeführt werden. Zu unterscheiden ist grundsätzlich zwischen ebenen und gekrümmten Dachflächen.

Abbildung 070|1-03: Dachformen

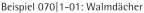

A	Pultdach	G	Mansardkrüppelwalmdach
B	Satteldach	H	Mansardwalmdach
C	geschweiftes Satteldach	I	Sheddach
D	Mansarddach	J	Zeltdach
E	Walmdach	K	Turmdächer
F	Krüppelwalmdach		

Beispiel 070|1-01: Walmdächer

Beispiel 070|1-02: Krüppelwalmdächer, Satteldächer

Beispiel 070|1-03: Mansarddächer, Mansardwalmdächer

Abbildung 070|1-04: Bezeichnungen am Dach

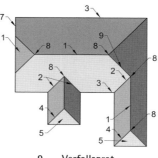

1	First	5	Walm	9	Verfallsgrat
2	Ichse (Kehle)	6	Giebelmauer	10	Drempel
3	Traufe	7	Ort (Ortgang)	11	Krüppelwalm
4	Grat	8	Anfallspunkt		

Anfallspunkt

ist ein gemeinsamer Schnittpunkt von drei oder mehreren Dachflächen. Er ergibt sich beispielsweise beim Übergang vom Grat in den First.

Drempel

auch als Kniestock bezeichnet, ist der im Dachboden über die Deckenebene hinausragende Teil der Außenmauern bis zum Dachansatz.

First

Als First bezeichnet man die höchste Kante eines geneigten Daches. Dort treffen, außer beim Pultdach, zwei Dachflächen aufeinander. Normalerweise ist der First waagerecht, er kann aber, wie auch die Traufe, mit positivem oder negativem Gefälle verlaufen. Man spricht dann von einem steigenden oder fallenden First.

Anfallspunkt

Drempel
Kniestock

First

Giebelmauer, Giebelwand

Der Giebel ist eine meist dreieckige Wand, die die Fläche zwischen Außenwand und Dach eines Bauwerkes schließt. Bei einem Satteldach ist diese Fläche dreieckig. Auch die Wandfläche unter einem Walm wird als Giebel bezeichnet.

Giebel
Giebelmauer
Giebelwand

Grat

ist eine Kante am Dach, an der zwei Dachflächen aufeinander treffen, die zusammen eine Außenecke bilden. Der Dachfirst ist ein waagrechter Grat.

Grat

Ichse, Kehle

Als Ichse oder Kehle bezeichnet man eine Kante am Dach, an der zwei Dachflächen aufeinander treffen, die zusammen eine Innenecke bilden.

Ichse
Kehle

Ortgang, Ort

Der Ortgang, auch Ort genannt, ist die seitliche Kante am geneigten Dach, die den Giebel eines Gebäudes nach oben begrenzt. Der Ortgang verbindet Dachtraufe und Dachfirst miteinander.

Ortgang
Ort

Traufe

Als Dachtraufe, kurz Traufe, bezeichnet man die Tropfkante am Dach eines Gebäudes. Hier fließt während eines Regens das gesammelte Wasser der Dachfläche ab, an der Traufe befindet sich daher meist eine Regenrinne. Die Traufe begrenzt eine geneigte Dachfläche nach unten – die obere Begrenzung ist der Dachfirst. Als Traufpunkt oder Traufenhöhe wird der Schnittpunkt zwischen der senkrechten Außenfläche und der Dachhaut bezeichnet.

Traufe
Dachtraufe

Verfallsgrat, Verfallung

bezeichnet einen Grat, der nicht bis zur Trauflinie verläuft. Verfallungen entstehen meist zwischen dem First des Hauptdaches und dem First eines Nebendaches, es gibt aber auch andere Möglichkeiten.

Verfallsgrat
Verfallung

Walm

Ein Walm ist eine Dachfläche. Während bei einem Satteldach zwei Seiten normalerweise keine Dachfläche vorweisen (Giebel), werden bei einem Walmdach auch diese Seiten geneigt ausgeführt. Die geneigten Dachflächen bieten weniger Angriffsfläche für Wind, die Windkraft auf die Konstruktion wird effektiv verringert.

Walm
Walmfläche

Krüppelwalm

Neben dem komplett abgewalmten Dach gibt es noch den sogenannten Krüppelwalm, nur ein kleiner Teil wird abgewalmt, ein Rest des Giebels bleibt bestehen. Durch diese Konstruktion ist eine größere Fläche unter dem Dach begehbar und nutzbar.

Krüppelwalm

Dachausmittlungen

070|1|2

Dachausmittlung nennt man die Planung und Gestaltung von Dächern. Dabei wird über dem Grundriss eines Gebäudes die erforderliche bzw. gewünschte Dachform ermittelt. Diese Ermittlung – oder mit dem altertümlichen Wort ausgedrückt „Ausmittlung" – der Schichtenlinien, Falllinien, Schnittlinien oder Schnittpunkte erfolgt nach den Regeln der darstellenden Geometrie über die „kotierte Projektion". Bei gleich geneigten Dachflächen verläuft die Schnittlinie zweier Dachflächen in der Winkelsymmetralen der Schichtenlinien, bei unterschiedlichen Neigungen ist eine Konstruktion über die Schnittpunkte zweier Schichtenlinien möglich.

Die Dachausmittlung erfolgt nach den Regeln der „kotierten Projektion".

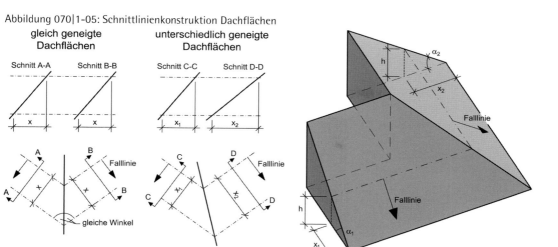

Abbildung 070|1-05: Schnittlinienkonstruktion Dachflächen

gleich geneigte Dachflächen

unterschiedlich geneigte Dachflächen

Zusammengesetzte Baukörper werden bei gleicher Dachneigung wie zwei einzelne Baukörper angesehen, die einander durchdringen und wo nur die jeweils sichtbaren Dachflächen ausgeführt werden. Bei unterschiedlichen Dachneigungen kann sich bei einzelnen Baukörpern auch ein First in gleicher Höhe ergeben.

Abbildung 070|1-06: Dachausmittlung – zusammengesetzte Baukörper

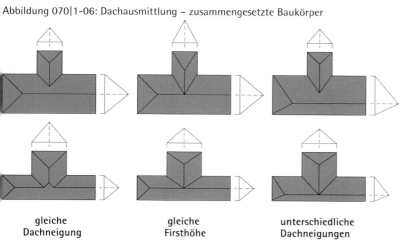

gleiche Dachneigung

gleiche Firsthöhe

unterschiedliche Dachneigungen

Bei der Dachausmittlung wird angenommen, dass das Regenwasser von jeder Position des Daches ideal abfließt. Bei Walmdächern und gleichen Dachneigungen der Dachflächen bilden die Grate Winkelsymmetralen. Man zieht die Grate der beiden Seiten bis zu einem gemeinsamen Schnittpunkt. Dies ist gleichzeitig der Anfangspunkt des Firstes. Dieser liegt in der Mitte des Grundrisses. Voraussetzung ist jedoch noch immer die gleiche Dachneigung der Dachflächen.

Sind die Dachneigungen unterschiedlich, muss mit Grundriss und Seitenriss oder auch Ansicht gearbeitet werden. Dabei ergibt sich im Grundriss, dass die Seite mit der größeren Dachneigung kürzere Sparren aufweist und der First im Grundriss näher zur Traufe mit der größeren Dachneigung liegt.

Bei Walmdächern und gleichen Dachneigungen der Dachflächen bilden die Grate Winkelsymmetralen.

Beispiel 070|1-04: Konstruktion Dachausmittlung – gleiche Dachneigungen

1 Verschneidung der Fläche A mit I durch Winkelsymmetrale zwischen den Traufen.
2 Mit den Flächen A-B, B-C, C-D, D-E, E-F, F-G, G-H, H-I, I-A ist gleichermaßen zu verfahren.
3 B-I wird wie folgt verschnitten: Verlängerung der beiden Traufen, bis es zum Schnitt kommt und sie anschließend die Winkelsymmetrale
  bilden.
4 B-E: Verlängerung der Trauflinie der Fläche B bis zu jener von Fläche E, und erneut folgt die Bildung der Winkelsymmetrale.
5 E-H: Hier wird wie bei der Verschneidung der vorigen Dachflächen verfahren.
6 Die Firste erhält man durch die Parallelverschiebung der Traufen in den jeweiligen Anfallspunkt.

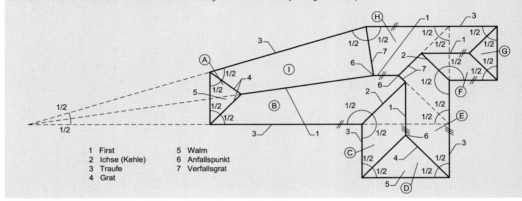

1	First	5	Walm
2	Ichse (Kehle)	6	Anfallspunkt
3	Traufe	7	Verfallsgrat
4	Grat		

Abbildung 070|1-07: Dachausmittlungen bei gleicher Dachneigung

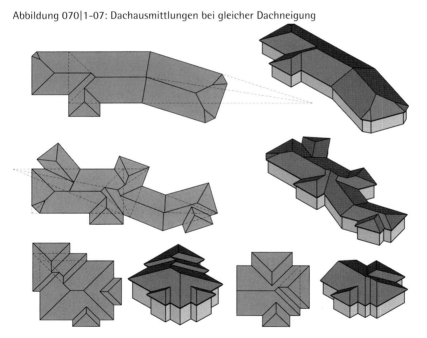

Dachgauben

Die Belichtung von Dachgeschoßräumen kann im Dachflächenbereich entweder über Dachflächenfenster oder durch senkrechte Fenster (Dachgauben) erfolgen. Hinsichtlich der Form der Dachgauben kann zwischen den Grundformen der Schleppgauben, stehenden Gauben oder Fledermausgauben unterschieden werden.

070|1|3

Senkrechte Fenster in der Dachfläche sind Dachgauben.

Abbildung 070|1-08: Übersicht Formen Dachgauben

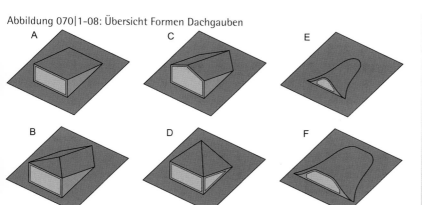

A   Schleppgaube
B   stehende Gaube (Walmgaube)
C   stehende Gaube (Giebelgaube)
D   stehende Gaube (Zeltgaube)
E   Fledermausgaube (Ochsenauge)
F   Fledermausgaube (Hechtgaube)

Schlepp- oder Flachgauben

bestehen aus einem Kantholzrahmen, der auf den seitlichen Sparren aufgesetzt wird. Bei größeren Gaubenbreiten sind einzelne Sparren auszuwechseln. Die Dachfläche wird mit geringerer Neigung über die Gaube bis zum Fenster „geschleppt".

Schleppgaube
Flachgaube

Stehende Gauben

sind ähnlich konstruiert wie Schleppgauben, die Form der Dachfläche kann als Sattel-, Walm oder Zeltdach ausgebildet werden, wodurch sich mit der Verschneidung des Hauptdaches eine Ichse ergibt.

Walmgaube
Giebelgaube
Zeltgaube

Fledermaus- oder Hechtgauben

sind dort angebracht, wo mit einzelnen Ziegeln oder Platten die Dachdeckung gebildet wird, d. h. ein eher sanfter Übergang in die Gaube gewählt wird.

Fledermausgaube
Hechtgaube
Ochsenauge

Beispiel 070|1-05: Dachgauben

Abbildung 070|1-09: Fledermausgaube, Hechtgaube

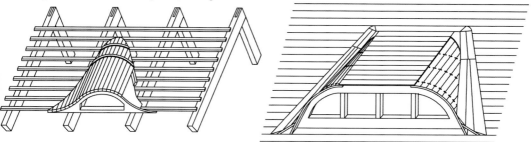

Beispiel 070|1-06: Fledermausgaube

1   Die maximale Raumhöhe h ergibt sich aus der Mindestneigung des Deckungsmaterials.
2   Die halbe Breite bewegt sich zwischen 2,5·h und 3,0·h, wodurch man den Punkt A erhält.
3   Verbindet man nun A und B, ergibt sich die Konstruktionslinie l_1. Auf dieser schneiden sich die beiden Ausrundungskreise der Gaube.
4   Der Umkehrpunkt C ist grundsätzlich frei wählbar. Durch seine Verschiebung kann man die Radiengröße r_1 und r_2 beliebig variieren.
5   Durch Spiegelung des Punktes C um die Achse BM_1 und AM_2 erhält man D bzw. E. Dies ist jeweils der dritte Punkt, durch welchen der Ausrundungskreis verlaufen muss.
6   Die Konstruktion des Verschnittes mit der Dachfläche erfolgt mithilfe des Schnittes. Hierfür wird ein beliebiger Punkt an der Stirnseite der Gaube gewählt (F) und nach oben sowie nach links in den Schnitt gelotet. Durch paralleles Verschieben erhält man den Punkt G. Dieser wird wieder zurück in den Grundriss gelotet und mit der aufsteigenden Konstruktionslinie des Anfangspunktes F verschnitten und H konstruiert. Nach dieser Methode werden ausreichend viele Zwischenpunkte ermittelt, um die Verschneidungslinie zeichnen zu können.

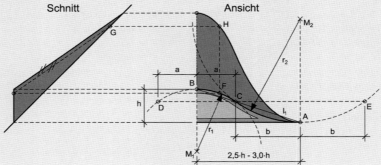

Begriffe Dachstuhl

Hinter dem relativ einfach aussehenden äußeren Erscheinungsbild eines Daches steckt oft eine sehr aufwändige Dachkonstruktion (siehe Kapitel 070|4). Diese Konstruktionen können vom einfachen Sparrendach über das Kehlbalkendach bis zu Pfettendächern und Sonderkonstruktionen führen. Die Hölzer der einzelnen Konstruktionen weisen dabei nachfolgende Bezeichnungen auf.

Abbildung 070|1-10: Bezeichnungen der Bauteile von Dachstühlen

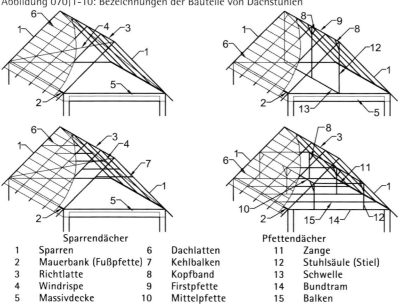

Sparrendächer

1	Sparren	6	Dachlatten
2	Mauerbank (Fußpfette)	7	Kehlbalken
3	Richtlatte	8	Kopfband
4	Windrispe	9	Firstpfette
5	Massivdecke	10	Mittelpfette

Pfettendächer

11	Zange
12	Stuhlsäule (Stiel)
13	Schwelle
14	Bundtram
15	Balken

Aufschiebling

keilförmig geschnittener Holzbalken, der auf das untere Ende des Dachsparrens aufgeschoben wird, um ein größeres Vordach zu erreichen.

Bundtram

Der Bundtram ist eine untere horizontale Tragwerksbegrenzung. Er dient als Zug- bzw. Biegezugband bei Bindern.

Dachlatten

Dachlatten werden auf den Sparren befestigt, um die Dachdeckung zu tragen. Dachlatten bestehen normalerweise aus Holz und haben in der Regel die Maße 3 x 5 cm. Sie werden im Gegensatz zu Sparren nicht hochkant, sondern flach befestigt. Der Abstand der Dachlatten hängt von der verwendeten Dachdeckung ab.

Firstpfette

Die Firstpfette bildet, zusammen mit den Sparren, den First der Dachkonstruktion. Sie verteilt die Last auf ein Ständerwerk.

Fußpfette

Die Fußpfette liegt auf der Außenhaut des Gebäudes, zum Beispiel dem Mauerwerk, um die Last des Dachstuhls besser zu verteilen. An der Fußpfette können die aufliegenden Sparren besser befestigt werden.

Kehlbalken

Bei größeren Gebäudebreiten wird jedes Sparrenpaar im oberen Drittel gegenseitig durch einen Druckstab (Kehlbalken) horizontal abgestützt.

Kopfband

Kopfbänder dienen der Versteifung eines aus horizontal verlaufenden Traggliedern (z. B. Pfetten) und Stuhlsäulen gebildeten Knotens (Rahmenwirkung). Ihre Wirkung führt gleichzeitig zur Verringerung der Stützweite der horizontalen Tragelemente. Kopfbänder werden meist unter einem Winkel von 45° zwischen Stielen und der Pfette eingesetzt. Dieser versteifte Längsverband ist gegen Verschiebung gesichert, der Dachstuhl erhält dadurch eine zusätzliche Steifigkeit.

Lasche

Mithilfe von Laschen werden Tragglieder zug- und druckfest miteinander gekoppelt. Auf diese Weise kann eine Konstruktion verlängert oder aber in der Querrichtung erweitert werden.

Mauerbank (Fußpfette)

Eine auf der Außenwand aufliegende Bohle oder Pfette (Fußpfette) zur Befestigung der Sparren.

Mittelpfette

Bei sehr langen Sparren, in der Regel länger als sieben Meter, werden Mittelpfetten eingebaut, um ein Durchbiegen der Sparren zu vermeiden.

Pfette

ist ein Holzbalken, auf dem die Sparren des Dachstuhls aufliegen. Die Pfette kann unter den Sparren angebracht sein, um die Haupt- oder Leersparren zu unterstützen.

Schwelle

Diese ermöglicht die Abtragung und Verteilung größer Kräfte aus Stuhlsäulen und Streben auf Decken.

Stuhlsäule (Stiel)

ist ein vertikal stehendes Holz, auf dem weitere Konstruktionsteile ruhen.

Aufschiebling

Bundtram

Dachlatten
Lattung

Firstpfette

Fußpfette
Mauerbank

Kehlbalken

Kopfband

Lasche

Fußpfette
Mauerbank

Mittelpfette

Pfette

Schwelle

Stuhlsäule
Stiel

Sparren

Sparren sind geneigte Träger des Dachstuhles. Sie können je nach Konstruktionsweise aus massiven Holzbalken (Kanthölzern), Brettschichthölzern, Stahlprofilen, Aluminiumprofilen oder Stahlbetonträgern bestehen. Unterbrechungen der Sparren werden durch sogenannte Wechsel aufgefangen. Diese werden beispielsweise für Gauben, Dachflächenfenster, Ausstiege und Kamine benötigt. Wechsel sind meist konstruktiv genauso dimensioniert wie die dazugehörigen Sparren, verlaufen jedoch horizontal. Besondere Sparrenformen sind die Gratsparren (an den Außenkanten, den Graten, eines Walmdaches) und die Kehlsparren (an den Innenkanten, den Kehlen). Je nach Position der Sparren tragen diese weitere Namen:

- Haupt- oder Leersparren sind durchgehende Sparren (von der Traufe bis zum First), die innerhalb der Hauptfläche des Daches liegen.
- Giebelsparren liegen direkt an oder auf dem Giebel.
- Flugsparren liegen außerhalb des Giebels, wenn das Dach einen Überstand hat.

Sparren
Gratsparren
Kehlsparren
Hauptsparren
Leersparren
Giebelsparren
Flugsparren

Windrispe

Längsverband und Windrispen bilden zusammen in der Dachebene liegende Fachwerke zur Längsaussteifung.

Windrispe

Zange

Horizontale, in der Querrichtung verlaufende Zugbänder.

Zange

Beispiel 070|1-07: Dachstühle

Baustoff Holz

070|1|5

Ausgangsprodukte des Waldes

070|1|5|1

In der Natur ist der Baum das beste Beispiel für eine Stütze, der die Lasten in konzentrierter Weise übernimmt, um sie unter Wirkung von Normalkräften und Momenten zum Fundament weiterzuleiten. Dort entsteht dann durch die

Wurzeln eine Verteilung der Spannungen, bis der Boden imstande ist, die Sohlpressungen aufzunehmen.

Abbildung 070|1-11: die Statik des Baumes

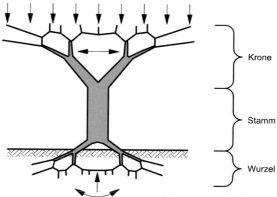

Allgemein finden Nadelbäume hauptsächlich als Bauholz Verwendung, vor allem in trockenen Bereichen wie Wand, Decke und Dach (Fichte, Tanne und andere Nadelhölzer) bzw. für stark bewitterte Bauteile die harten, widerstandsfähigeren Hölzer (vorwiegend Lärche). Laubbäume hingegen werden vorwiegend als Tischlerholz eingesetzt.

Die in Tabelle 070|1-02 dargestellten Kurzbezeichnungen beinhalten die Holzbezeichnungen entsprechend der unterschiedlichen Normen.

Tabelle 070|1-02: Holzarten – Kurzzeichen [27][39][51]

Benennung	DIN 4076	ÖNORM B 4100-1	ÖNORM EN 13556
Nadelholz	NH	NH	
Fichte	FI	FI	PCAB
Kiefer	KI	KI	PNSY
Tanne	TA	TA	ABAL
Lärche (europäische)	LA	LA	LAER
Laubholz	LH	LH	
Eiche (europäische)	EI	EI	QXCE
Buche	BU	BU	FASY

Der Baumstamm wächst im Frühjahr (April bis Juni) sowie im Sommer und Spätsommer in die Höhe und von innen nach außen. Man spricht deshalb von Früh- und Spätholz. Früh- und Spätholz zusammen bilden einen Jahrring. Der Baum hat in den Vegetationspunkten, d. h. an den äußersten Spitzen seiner Zweige (Spross, Trieb), und Wurzeln mehr teilungs- und ausgestaltungsfähige Zellen als der übrige Stamm.

Früh- und Spätholz zusammen bilden einen Jahrring.

Abbildung 070|1-12: Schnitte durch eine vierjährige Kiefer

1 Mark
2 Frühholz
3 Spätholz
4 Markstrahlen
5 Markröhre
6 Harzkanal
7 Bast (Rinde)
8 Borke
9 Kambiumring

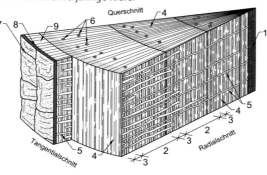

Durch Wachstumsstoffe und unter dem Einfluss des Sonnenlichtes findet folglich in der Stammlängsrichtung eine schnelle Teilung der Gefäß- sowie Leitungs- und Speicherzellen des Laubholzes und der Leitungs- wie auch Speicherzellen des Nadelholzes statt.

Das „Torteneck" des Baumstückes charakterisiert die Teile des Holzes. Bast, Borke und Kambium (7-9) sind für die Wachstumsphase wichtig. In diesen Schichten entsteht das Holz. Für die Tragfähigkeit ist das Wechselspiel zwischen Früh- und Spätholz von Bedeutung. Je ausgeprägter der Anteil des Spätholzes am Gesamtanteil und je enger die Jahrringe sind, desto höher ist einerseits die Masse des Holzes, also das spezifische Gewicht, und andererseits die Festigkeit.

Je ausgeprägter der Anteil des Spätholzes, desto höher die Festigkeit.

Abbildung 070|1-13: Zellstruktur

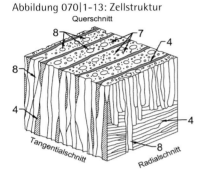

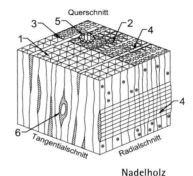

Laubholz

1	Frühholztracheiden	5	Harzkanal
2	Spätholztracheiden	6	harzgangführender Holzstrahl
3	Jahrringgrenze	7	Libriformfasern
4	Holzstrahl	8	Gefäße

Nadelholz

Sowohl das Laub- als auch das Nadelholz zeigen in unseren geografischen Breiten das typische Wachstumsverhalten von Holz bzw. einer Holzzelle. Die tragenden Elemente befinden sich an der Jahrringgrenze im verdichteten Bereich des Spätholzes. Dazwischen ist das Frühholz Transporteur der Nährstoffe in der Wachstumsphase, das vor allem durch große Zellen, ähnlich einer Strohhalmstruktur, charakterisiert wird. Diese grobe Zellstruktur ist für die Festigkeitseigenschaften bestimmend. Das Nadelholz weist eine sehr deutliche Eindrückbarkeit quer zur Faser und eine hohe Längsstabilität der Höhe nach in Richtung der Zellfaser auf.

Beispiel 070|1-08: Mikroskopaufnahmen Fichte

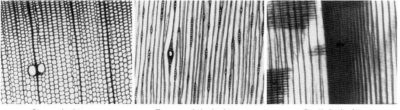

Querschnitt   Tangentialschnitt   Radialschnitt

Physikalische Eigenschaften von Holz

070|1|5|2

Holzphysik ist die Wissenschaft des physikalischen Verhaltens von Holz. Die wichtigsten Holzeigenschaften und die daraus für den Holzbau resultierenden Vor- und Nachteile sind:

Vorteile
- geringe Rohdichte → geringes Eigengewicht
- geringe Wärmeleitfähigkeit → wärmedämmende Eigenschaften
- Widerstandsfähigkeit gegen chemische Einflüsse → Einsatz in aggressiver Umgebung
- hohe Zugfestigkeit bei geringem Eigengewicht → große Reißlänge
- gute Bearbeitbarkeit → geringer Energiebedarf bei der Verarbeitung

Nachteile
- brennbar → Festigkeitsverluste
- anfällig für diverse Schädlinge → Festigkeitsverluste
- bedingte Haltbarkeit bei Feuchtigkeitsbeanspruchung → Festigkeitsverluste
- Holz verrottet, Fäulnis → Festigkeitsverluste
- große Eigenschaftsschwankungen, ungleichmäßiges Wachstum →Festigkeitsverluste
- stark unterschiedliche Festigkeiten parallel und senkrecht zur Faser
- geringe Rohdichte → schlechte Wärmespeicherung
- Risse (Schwindrisse, Kernrisse, Ringrisse) → Wassereintritt → Schädlinge können eindringen → Brandschutz wird verringert
- Holz arbeitet → Schwinden und Quellen
- Äste → reduzieren Zugfestigkeit

Energiemengen zur Produktion von Baustoffen
Die Energiemengen zur Produktion von Baustoffen sind für Holz und Beton annähernd gleich, wenn die Erzeugungsenergie gerechnet wird. Für das Holz ist dies vor allem die Energie im Sägewerk zum Zerschneiden, aber auch für die Trocknung des Rohmaterials. Der Wert steigt deutlich für Brettschichtholz, dessen Feuchtigkeit von ca. 18 % für Vollholz vor der Verleimung auf durchschnittlich 9 % abgetrocknet werden muss. Hohe Energiemengen zur Produktion benötigt der Stahl, was erklärt, dass der Stahlanteil im Beton den Energiemengenverbrauch von 500 kWh/m³ des Betons auf 1600 kWh/m³ des Stahlbetons erhöht.

Die Energiemengen zur Produktion von Holz und Beton als Baustoff sind annähernd gleich.

- Beton	500 kWh/m³	0,20 kWh/kg
- Holz	660 kWh/m³	1,50 kWh/kg
- Brettschichtholz	1200 kWh/m³	2,70 kWh/kg
- Stahlbeton	1600 kWh/m³	0,67 kWh/kg
- Stahl	50000 kWh/m³	6,40 kWh/kg

Holzfeuchtigkeit
Als Richtwerte für die Holzfeuchtigkeit ergeben sich nach DIN 1052-1 [25]:
- in geschlossenen und beheizten Räumen 9 ±3 Masse-%
- in geschlossenen und unbeheizten Räumen 12 ±3 Masse-%
- bei überdeckten, offenen Bauwerken 15 ±3 Masse-%
- bei Konstruktionen, die der Witterung allseitig ausgesetzt sind, 18 ±6 Masse-%

Schwinden und Quellen
Holz ist ein hygroskopischer Baustoff mit Hohlräumen, welche Wasser aufnehmen und abgeben können. Dadurch vergrößert bzw. verkleinert sich der Holzquerschnitt, eine unangenehme Eigenschaft, die zu Rissen an der Holzoberfläche führen kann (optische Mängel). Das Holz wird daher vor dem Einbau getrocknet (Trockenkammer). Reine Schwindrisse sind statisch nicht von Bedeutung und als optischer Mangel zu werten. Diesem Umstand

Reine Schwindrisse sind statisch nicht von Bedeutung und als optischer Mangel zu werten.

begegnet man durch die Vorkehrung von Entlastungsnuten (bei Brettern, Rundhölzern oder Kanthölzern), welche eingefräst oder eingesägt werden.

Abbildung 070|1-14: Schwindrisse – Entlastungsnuten

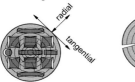

Schwindverformungen – Schwindrisse   Entlastungsnuten

Tabelle 070|1-03: Schwind- und Quellmaße von Holz [39][25]

Holzart	Schwind- und Quellmaß für Änderungen der Holzfeuchte um 1 % unterhalb des Fasersättigungsbereiches			
	Mittelwert (αr; αt)	radial αr	tangential αt	längs αl [1]
Fichte, Kiefer, Tanne, Lärche, Douglasie, Eiche	0,24 % [2]	0,32 %	0,16 %	0,01 % [2]
Buche	0,30 % [2]	0,40 %	0,20 %	0,01 % [2]

1) Schwinden und Quellen in Längsrichtung (Faserrichtung) muss nur in Sonderfällen berücksichtigt werden.
2) nach DIN 1052-1 und ÖNORM B 4100-2

Das Schwinden und Quellen von Holz ist in radialer Richtung am stärksten und wird sowohl in DIN 1052-1 [25] als auch in ÖNORM B 4100-1 [39] als Mittelwert in tangentialer und radialer Richtung angegeben. Die Schwind- und Quellmaße in Faserlängsrichtung liegen in einer vernachlässigbaren Größenordnung und sind nur in Sonderfällen zu berücksichtigen.

Vollholz

070|1|6

Herstellung

070|1|6|1

Zu Schnittholz zählen Holzerzeugnisse wie z. B. Balken, Bohlen, Bretter, Kanthölzer oder Latten, die mit Sägemaschinen (Gatter, Blockbandsäge, Besäumsäge) durch Auftrennen von Rundholz parallel zur Stammachse hergestellt werden. Die DIN 68252 [28] befasst sich mit Nadelschnittholz – Abmessungen bzw. Begriffen und Begriffsbestimmungen.

Abbildung 070|1-15: Verwertung des Rohholz-Querschnittes

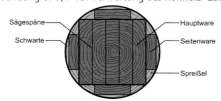 

Abbildung 070|1-16: Arten des Einschnittes von Rohholz

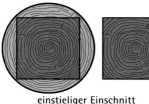 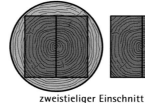

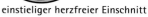

einstieliger Einschnitt   zweistieliger Einschnitt   einstieliger herzfreier Einschnitt

Die Längen von Schnittholz betragen üblicherweise 4 bis 6 m. Sonderlängen sind bei den Sägewerken bestellbar. Für die Oberflächenqualität der Hölzer sind in ÖNORM B 4100-1 [39] Begriffe und Abkürzungen angeführt.

Tabelle 070|1-04: Abmessungen von Schnittholz – DIN 4074 [26]

	Dicke d bzw. Höhe h	Breite b
Latte	d ≤40 mm	b <80 mm
Brett	d ≤40 mm	b ≥80 mm
Bohle	d >40 mm	b >3·d
Kantholz einschließlich Kreuzholz (Rahmen) und Balken	b ≤h ≤3·b	b >40 mm

Tabelle 070|1-05: Begriffe für Schnittholz nach DIN 68252 Teil 1 [28]

Schnittholz	Holzerzeugnis, z. B. Latte (Leiste), Brett, Bohle, Kantholz, Kreuzholz (Rahmen) oder Balken, das durch Sägen von Rundholz parallel zur Stammachse hergestellt wird. Schnittholz kann scharfkantig sein oder Baumkante haben.
Latte (Leiste)	Schnittholz mit einer Querschnittsfläche bis zu 32 cm² und einer Breite bis 80 mm (für Dachlatten gilt nach DIN 4070 Teil 1 zusätzlich: Breite/Höhe <1/2).
Brett	Schnittholz mit einer Dicke von mindestens 8 mm und weniger als 40 mm und einer Breite von mindestens 80 mm
Bohle	Schnittholz mit einer Dicke von mindestens 40 mm. Die große Querschnittsseite ist mindestens doppelt so groß wie die kleine.
Kantholz	Schnittholz von quadratischem oder rechteckigem Querschnitt mit einer Seitenlänge von mindestens 40 mm. Die große Querschnittsseite ist höchstens dreimal so groß wie die kleine.
Kreuzholz (Rahmen)	Schnittholz mit einer Querschnittsfläche von mehr als 32 cm². Bei Kreuzholz müssen 4 Stück kerngetrennt und bei Rahmen mindestens 4 Stück aus einem Rundholzabschnitt erzeugt sein.
Balken	Kantholz, dessen größere Querschnittsseite mindestens 200 mm breit ist

Für Schnittholz sind unabhängig von einer Festigkeitssortierung spezielle Anforderungen bezüglich der Erscheinung und der Maßhaltigkeit der Beschaffenheit der Oberfläche gesondert festgelegt. Bei konstruktiven Hölzern wird zwischen Standard und Sichtqualität unterschieden. Wird in der Ausschreibung nichts anderes angegeben, so ist die Oberflächenqualität gemäß ÖNORM B 2215 [36] einzuhalten.

Tabelle 070|1-06: Oberflächenqualitäten von Bauschnittholz (sägerau oder gehobelt) bezogen auf die jeweilige Sichtfläche zum Zeitpunkt der Fertigstellung – ÖNORM B 2215 [36]

Merkmal	Oberflächenqualität 1 (Standard-Qualität)	Oberflächenqualität 2 (Sicht-Qualität)
Baumkante	zulässig gemäß ÖNORM DIN 4074-1	nicht zulässig
Äste	zulässig gemäß ÖNORM DIN 4074-1	festverwachsene Äste sind zulässig, ausgefallene Äste sind auszustoppeln
Risse	zulässig gemäß ÖNORM DIN 4074-1	zulässig gemäß ÖNORM DIN 4074-1 und einer Rissbreite bis max. 5 % der zugehörenden Querschnittseite
Verfärbungen	zulässig gemäß ÖNORM DIN 4074-1	Verfärbungen durch Bläue oder Rotstreifen, nicht zulässig
Insektenbefall	zulässig gemäß ÖNORM DIN 4074-1	nicht zulässig
Harzgallen	zulässig	Harzgallen bis 5 mm × 50 mm sind zulässig, größere sind auszuleisteln
Rindeneinschlüsse	zulässig, sofern die Tragfähigkeit nicht beeinträchtigt wird	nicht zulässig
bei gehobelter Ausführung	Raustelle zulässig	Raustellen nicht zulässig
	Hobelschlag zulässig	Hobelschlag zulässig bis 10 mm Länge, 1 mm Tiefe

Tabelle 070|1-07: Oberflächenqualitäten von Bauschichtholz bezogen auf die jeweilige Sichtfläche zum Zeitpunkt der Fertigstellung – ÖNORM B 2215 [36]

Merkmal	Oberflächenqualität 1 (Industrie-Qualität)	Oberflächenqualität 2 (Sicht-Qualität)
Hobelqualität	Raustellen zulässig	Raustellen nicht zulässig
	Hobelschläge zulässig	Hobelschlag zulässig bis 10 mm Länge, 1 mm Tiefe
Äste	festverwachsene Äste zulässig	festverwachsene Äste zulässig
	Astlöcher zulässig	ausgefallene Äste über 20 mm sind auszustoppeln
Harzgallen	zulässig	Harzgallen bis 5 mm × 50 mm zulässig, größere sind auszuleisteln
Markröhre	zulässig	zulässig
Verfärbung	Bläue zulässig	Verfärbungen durch Bläue und/oder Rotstreif bis zu 5 % Oberfläche
	Rotstreif zulässig	zulässig
Insektenbefall	zulässig gemäß ÖNORM DIN 4074-1	nicht zulässig
Risse	Risse bis zu einer Tiefe von 1/6 der Bauteilbreite (je Seite) sind zulässig. Die erforderliche statische Tragfähigkeit darf nicht beeinträchtigt werden.	

Tabelle 070|1-08: Oberflächenausführung – ÖNORM B 2215 [36]

Oberflächenausführung	Beschreibung
Flächen	
behauen	mit Hacke, Beil, Axt oder entsprechend maschinell bearbeitetes Holz
gebürstet	Herstellen einer reliefartigen Oberfläche entsprechend der Holzstruktur mit Bürsten
gehobelt	Herstellen einer glatten Oberfläche mit Hobelwerkzeugen
geschliffen	Herstellen einer glatten Oberfläche mit Schleifwerkzeugen
sandgestrahlt	Herstellen einer reliefartigen Oberfläche entsprechend der Holzstruktur mit Sandstrahlung
sägerau	Oberfläche, die durch Bearbeiten des Holzes mit Sägewerkzeugen (Kettensägen sind für Längsschnitte nicht zulässig) entstanden sind
Kanten	
gebrochen	Kantenbearbeitung ohne vordefinierter Geometrie mit Abmessungen unter 4 mm
profiliert, gefast	Kantenbearbeitung eines vormals scharfkantigen Holzquerschnittes mit vordefinierter Geometrie

Sortierklassen

070|1|6|3

Bei Rundholz bzw. Rohholz wird gemäß den österreichischen Holzhandels-usancen eine Sortierung nach handelsüblichen Dimensionen und dabei wiederum eine Einteilung in Qualitätsklassen getroffen, wobei die Sortierung von der Holzart abhängig ist. Neben Kriterien, die auch Schnittholz betreffen, wie z. B. Äste, Harzgallen, Risse, finden sich bei der Rundholzsortierung auch weitere Parameter für die Einteilung wie z. B. Rindeneinwüchse, Splintholzanteil, Krümmung oder Drehung des Stammes. Die Sortierung kann visuell oder automatisiert (z. B. Zeilenkameras) erfolgen.

Die Sortierung und Einteilung in Qualitätsklassen ist von der Holzart abhängig.

Güteklasse A

Dazu zählt alles Rundholz mit überdurchschnittlicher oder ausgezeichneter Qualität. Kleine, den Gebrauchswert nicht beeinträchtigende Schäden und Fehler sind gestattet.

Güteklasse B

Dazu gehören Stämme mit mittlerer bis überdurchschnittlicher Qualität ohne Anspruch auf mängelfreies Holz, die nicht mehr zur Güteklasse A zu zählen sind und keine größeren Fehler aufweisen. So sind Abholzigkeit, Astigkeit, Drehwuchs, Buchs, Ringschäle, Kernrisse, Insekten, Verfärbung, Harzgallen oder Krümmung in gewissem Rahmen zulässig.

Güteklasse C

Dazu zählt Rundholz mit mittlerer bis unterdurchschnittlicher Qualität. Dies betrifft Gütemerkmale, bei welchen die für Güteklasse B zulässigen Fehler bzw. deren Ausmaß überschritten wird, dabei aber die Verwertbarkeit als Sägerundholz nicht ausgeschlossen ist.

Güteklasse CX

Rundholz minderer Qualität, das für den Sägeeinschnitt geeignet ist und Merkmale aufweist, die in der Güteklasse C nicht zulässig sind.

Werkstoffe aus Vollholz

070|1|7

Aus dem Werkstoff Vollholz werden durch industrielle Verfahren Produkte entwickelt, die vielfältige Konstruktionen ermöglichen und die auch üblichen Wirtschaftlichkeitskriterien genügen. Die für Dachstühle und Dach-konstruktionen maßgebenden Werkstoffe aus Vollholz sind:

- festigkeitssortiertes Bauholz (MH)
- keilgezinktes Vollholz (KVH)
- Brettschichtholz (BSH)
- Brettsperrholz (BSP)

Festigkeitssortiertes Bauholz (MH)

070|1|7|1

Als festigkeitssortiertes Bauholz wird Schnittholz (ohne Keilzinken) bezeichnet, das durch Einschneiden oder Profilieren von Rundholz im Sägewerk für tragende Zwecke gewonnen wird. Zur Verwendung für Bauzwecke muss Vollholz nach einem visuellen oder maschinellen Sortierverfahren gemäß ÖNORM EN 14081-1 [53] festigkeitssortiert sein. Je nach Holzart weist das Konstruktionsholz eine unterschiedliche natürliche Dauerhaftigkeit gegenüber Schädlingsbefall auf. Neben den normativen Anforderungen gibt es noch die Gütegemeinschaft „MH Massivholz Austria" und die Gütegemeinschaft „Konstruktionsholz KVH", die über die Norm hinausgehende Qualitätskriterien festlegen.

Bezeichnungen (MH)

Massivholz, Kantholz, Vollholz
Höhe/Breite:	8 bis 24 cm
Längen:	von 4 bis 6 m (Standard), höhere Längen möglich
Festigkeitsklasse:	im Regelfall C24, C27

Einsatzbereiche

Vollholz darf für alle tragenden oder aussteifenden Konstruktionen eingesetzt werden.

Tabelle 070|1-09: Standardquerschnitte festigkeitssortiertes Bauholz

Breite [mm]	Höhe [mm]			
	120	160	200	240
60	✓	✓	✓	✓
80	✓	✓	✓	✓
100	✓		✓	
120	✓			✓

Keilgezinktes Konstruktionsvollholz (KVH)

070|1|7|2

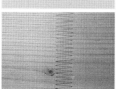

Konstruktionsvollholz ist ein veredeltes Bauschnittholz. Durch gezielte Wahl des Einschnittes und durch technische Trocknung wird eine hohe Formstabilität erreicht und die Rissbildung minimiert. Zusätzliche und gegenüber ÖNORM DIN 4074-1 [41] verschärfte Sortierkriterien tragen dazu bei, ein hohes Maß an Funktionstauglichkeit sowie hochwertige Oberflächen für die sichtbare Anwendung zu gewährleisten.

Höhe:	10 bis 28 cm
Breite:	6 bis 24 cm
Längen:	13 m (Standard, der im Handel etabliert ist)
Festigkeitsklasse:	im Regelfall C24

Tabelle 070|1-10: Standardquerschnitte für Konstruktionsvollholz

Breite [mm]	Höhe [mm]					
	120	140	160	180	200	240
60	✓	✓	✓	✓	✓	✓
80	✓	✓	✓		✓	✓
100	✓				✓	
120	✓				✓	✓

Typen

Je nach Verwendungszweck werden die sich im Wesentlichen in der Oberflächenbeschaffenheit voneinander unterscheidenden Typen hergestellt.

KVH-SI	für sichtbare Konstruktionen
KVH-NSI	für nicht sichtbare Konstruktionen

Brettschichtholz (BSH)

Brettschichtholz besteht aus verklebten, getrockneten Brettlamellen aus Nadelholz mit Lamellendicken von 3,2 cm für gekrümmte Bauteile und in der Regel 4 cm für stabförmige BSH-Träger. Die Lamellen können durch Sortierung schichtweise aufgebaut werden.

Bezeichnungen (BSH)
Brettschichtholz, Leimholz, Leimbalken, Leimbinder

Übliche Dimensionen
Höhe:	beliebig bis 250 cm, gestaffelt nach Lamellendicke
Breite:	8 bis 20 cm (selten 22 cm) – in 2 cm-Abstufungen
Längen:	von 5 bis 40 m (Transport begrenzt die Länge)
Radius:	Mindestradius abhängig von der Lamellendicke d
Brettschichtholzklasse:	im Regelfall GL 24h und GL 28h, ggf. GL 24c, GL 28h, GL 32h, GL 32c und noch weitere Festigkeitsklassen

Brettschichtholz BSH – Aufbautypen
Die zulässige Biegespannung von BSH ist aufgrund der herstellungsbedingten Homogenität etwa 5–10 % höher als Vollholz gleicher Festigkeitsklasse. Die Lamellen werden vorsortiert, sodass in BSH-Qualität unter Ausnutzung der höheren Spannungen einer höheren Festigkeitsklasse nachfolgende Querschnittstypen herstellbar sind.

Abbildung 070|1-17: mögliche Querschnittsaufbauten mit Brettern der T-Klasse [24]

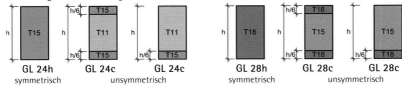

GL 24h	GL 24c	GL 24c	GL 28h	GL 28c	GL 28c
symmetrisch	unsymmetrisch		symmetrisch	unsymmetrisch	

Brettsperrholz (BSP)

Brettsperrholz (BSP) wird aus mindestens drei kreuzweise übereinandergelegten und miteinander verklebten, seltener auch verdübelten, festigkeitssortierten Brettern hergestellt. Die Einzelbretter, welche in ihrer Längsachse wie beim Brettschichtholz eine Keilzinkenverbindung aufweisen, können auch seitlich verleimt sein, wodurch eine geschlossene Decklage erzeugt wird. Brettsperrholzplatten haben auch eine bevorzugte Spannrichtung, worauf bereits bei der Planung Rücksicht genommen werden sollte. In der Ausrichtung der Decklage wird unterschieden:

DQ Decklage quer zur Plattenrichtung
DL Decklage längs zur Plattenrichtung

Produktbezeichnung
Kreuzlagenholz (KLH), X-Lam, Cross-Laminated Timber (CLT), MM crosslam

Übliche Handelsformen und Dimensionen
Breiten:	2,40 m / 2,50 m / 2,73 m / 2,95 m
Längen:	bis 16,50 m
Aufbau:	3-, 5-, 7-schichtig
	oder mehr Schichten je nach statischem Erfordernis
Lieferdicken:	DQ: 57 bis 158 mm, DL: 60 bis 248 mm

Bild 070|1-01

Bild 070|1-02

Dachdraufsicht – Satteldach Wohnbau
Dachdraufsicht – Walmdach Wohnbau

Bild 070|1-01
Bild 070|1-02

Bild 070|1-03

Bild 070|1-04

Bild 070|1-05

Dachausbildung – kombiniertes Pult-Satteldach
Walmdachausbildung
Pult-, Zelt- und Satteldächer

Bild 070|1-03
Bild 070|1-04
Bild 070|1-05

Bild 070|1-06

Bild 070|1-07

Dachflächenverschnitte von Längs- und Quertrakten
Zeltdach und umlaufendes Pultdach

Bild 070|1-06
Bild 070|1-07

Bild 070|1-08

Bild 070|1-09

| Giebelgaube – Unterkonstruktion | Bild 070|1-08 |
| Giebelgaube mit fertigem Unterdach | Bild 070|1-09 |

Bild 070|1-10

Bild 070|1-11

| Schleppgaube – Unterkonstruktion | Bild 070|1-10 |
| Schleppgaube mit fertigem Unterdach und Lattung | Bild 070|1-11 |

Bild 070|1-12

Bild 070|1-13

Bild 070|1-14

Bild 070|1-15

Bild 070|1-16

Bild 070|1-17

| Gaubenformen | Bilder 070|1-12 bis 17 |

KONSTRUKTION VON STEILDÄCHERN:
Planung und Ausführung auf einen Blick

2015 | XII, 136 Seiten | 160 Abb. | 24,2 × 16,5 cm
Gebunden* | EUR (D) 29,95
ISBN 978-3-99043-110-8

Steildächer stellen traditionell den typischen Gebäudeabschluss konventioneller Hochbauten in Mittel- und Nordeuropa dar. Neben den Planungsgrundlagen werden im vorliegenden Band typische Tragwerke für Holz- und Massivkonstruktionen vorgestellt, exemplarische Schichtaufbauten und die typischen Eindeckungen behandelt. Den Dachrandabschlüssen und der Dachentwässerung werden umfangreiche Abschnitte des Buches gewidmet. Die Darstellungen werden durch einen umfangreichen Aufbautenkatalog für Leicht- und Massivkonstruktionen abgerundet.

Wie bei allen Bänden der Reihe „Baukonstruktionen" werden die Grundlagen in leicht fasslicher Form dargestellt und beinhalten Tabellen, technische Zeichnungen und Abbildungen allgemein anwendbarer Details.

Stand der Technik für die Konstruktion von Steildächern

Für Studenten des Bauingenieurwesens und der Architektur

Lehrbuch und Nachschlagewerk in einem

*Ebenfalls erhältlich als eBook (PDF und EPUB) und Kombiausgabe (Print + eBook)

Lasteinwirkungen

Durch die Lage im Bauwerk ist es vielen Beanspruchungen ausgesetzt. Grundsätzlich sind Dachkonstruktionen auf die nachfolgenden Lastfälle zu dimensionieren (siehe Band 2: Tragwerke [13]):
- ständige Lasten (Eigengewicht)
- veränderliche Lasten (Schnee, Wind, Nutzlasten)
- außergewöhnliche Einwirkungen

Entsprechend der Art der Einwirkung ist bei der statischen Berechnung eine Umrechnung entweder auf die Horizontal- oder Vertikalprojektion des Bauteiles oder auf die Dachschräge mit Normal- und Parallelanteilen vorzunehmen.

Einwirkungen bezogen auf 1 m² horizontale bzw. vertikale Projektion

$$g_v = g / \cos\alpha \qquad g_h = 0$$
$$q_v = q \qquad q_h = 0$$
$$s_v = s \qquad s_h = 0$$
$$w_v = w \qquad w_h = w$$

(070|2-01)

g	Eigengewicht	m²
q	Nutzlast	m²
s	Schneelast	m²
w	Wind	m²

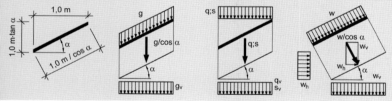

Einwirkungen bezogen auf 1 m² schräge Dachfläche

$$g_n = g \cdot \cos\alpha \qquad g_p = g \cdot \sin\alpha$$
$$q_n = q \cdot \cos^2\alpha \qquad q_p = q \cdot \sin\alpha \cdot \cos\alpha$$
$$s_n = s \cdot \cos^2\alpha \qquad s_p = s \cdot \sin\alpha \cdot \cos\alpha$$
$$w_n = w \qquad w_p = 0$$

(070|2-02)

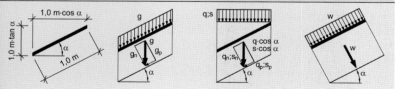

Die wichtigste Aufgabe der Dachkonstruktion ist die Umwandlung der auf die Dachfläche einwirkenden Kräfte in Auflager- und Horizontalkräfte. Letztere entstehen dabei aus der Ableitung vertikaler Kräfte über schräge Bauteile und, je nach Dachneigung, aus den Windkräften.

Eigengewicht

Das Eigengewicht der Dachkonstruktion besteht im Allgemeinen aus der Holzkonstruktion (~0,20 kN/m²) zuzüglich dem Gewicht der Dachhaut (0,03 bis 1,00 kN/m²). Bei ausgebauten Dachgeschoßen erweitert um das Gewicht der wärme-, schall- und brandschutztechnisch erforderlichen Schichten sowie einer inneren Sichtschicht. Die Eigenlasten können der ÖNORM B 1991-1-1 [39] entnommen werden.

Eigenlasten nach ÖNORM B 1991-1-1

Tabelle 070|2-01: Eigenlasten Baustoffe und Bauteile – ÖNORM B 1991-1-1 [39]

Baustoff	vertikale Lastwirkung
Holz (lufttrocken)	[kN/m³]
Hartholz (z. B. Ahorn, Birke, Eiche, Esche, Robinie, Ulme, Rotbuche)	8,00
Weichholz (z. B. Erle, Fichte, Kiefer, Lärche, Pappel, Tanne, Weide)	5,50
Dachdeckungen aus Ziegel	[kN/m²]
Biberschwänze, Wiener Taschen: einfach / doppelt	0,65 / 0,90
Falzplatten, Flachdachpfannen	0,50
Kopffalz- oder Pressfalzziegel, S-Pfannen	0,45
Strangfalzziegel	0,40
Sonstige Deckungen	[kN/m²]
Naturschiefer auf Schalung: einfach / doppelt	0,65 / 0,75
Holzschindeln auf Schalung, doppelt	0,40
Schilfdeckung, 30 cm auf Lattung und Schalung	0,45
Kunststoffwellplatten auf Schalung	0,20
Kunststoff-Folie, 3 mm dick	0,10
Dachdeckungen aus Metall	[kN/m²]
Aluminiumblech profiliert	0,08
Aluminiumblech auf Schalung 0,6 mm dick	0,28
Eisenblech verzinkt auf Schalung, 0,6 mm dick	0,32
Kupferblech mit doppelter Falzung auf Schalung, 0,6 mm dick	0,30
Zinkblech auf Schalung 0,6 mm dick	0,15
Trapezblech	0,08 bis 0,20
Sandwichkonstruktion aus Trapezblechen (zweischalig), inkl. Schaumkern	0,40
Dachdeckungen aus Beton und Faserzementerzeugnissen	[kN/m²]
Faserzementdachplatten auf Lattung: einfach / doppelt	0,18 / 0,25
Faserzementdachplatten auf Schalung: einfach / doppelt	0,33 / 0,40
Faserzementwellplatten ohne Tragkonstruktion je nach Dicke	0,10 bis 0,15
Betondachsteine auf Lattung	0,55
künstliche Steine und Platten	[kN/m² und cm Dicke]
Gipskartonplatten gemäß ÖNORM B 3410	0,10
Holzwolle-Leichtbauplatten hart / mittelhart / porös	0,10 / 0,04 – 0,07 / 0,03

Schnee

Die Schneelasten sind in Österreich in der ÖNORM EN 1991-1-3 [47] und ÖNORM B 1991-1-3 [31] festgelegt. Die jeweilige Seehöhe eines Ortes und die dazugehörige Zone bestimmen dabei die vorhandene Schneelast. Österreich ist in die vier Zonen 2*, 2, 3 und 4 geteilt. Durch die Lage des Ortes innerhalb einer Zone und die zugehörige Seehöhe bestimmen sich die Schneelasten, die dem statistischen Maximalwert innerhalb von 50 Jahren entsprechen. Die Höhe der Beanspruchung schwankt von 1,05 kN/m² in Rust bzw. Andau bis zu 13,50 kN/m² in St. Christoph am Arlberg. Tabelle 070|2-02 gibt den Mindest- und Maximalwert sowie die Werte der Landeshauptstädte an.

Scheelasten nach ÖNORM B 1991-1-3

Schneelasten sind immer auf die Grundrissprojektion anzusetzen und entsprechend der Dachform abzumindern oder zu erhöhen. Bis zu Dachneigungen von 30 ° kann angenommen werden, dass keine Veränderung der Schneebelastung eintritt, und ab Dachneigungen über 60 ° ist, sofern keine

Maßnahmen gegen das Abrutschen des Schnees gesetzt werden, keine Schneelast mehr anzusetzen. Speziell bei Kehlen- und Sheddächern ergibt sich durch die Möglichkeit einer „Sackbildung" ein Bereich mit höherer Beanspruchung.

Tabelle 070|2-02: charakteristische Schneelasten österreichischer Landeshauptstädte – ÖNORM B 1991-1-3 [31]

Ort	Seehöhe [m]	Zone	s_k [kN/m²]
Wien	171	2–3	1,10–2,20
St. Pölten	265	2	1,45
Eisenstadt	169	2*	1,10
Linz	260	2	1,45
Salzburg	436	2	1,75
Graz	369	2	1,65
Klagenfurt	448	3	2,65
Innsbruck	573	2	2,10
Bregenz	398	2/3	2,10
Mindestwert (Andau, Rust)			1,05
Maximalwert (St. Christoph/Arlberg)			13,50

$$s = s_0 \cdot \mu_i$$

(070|2-03)

s	nominelle Schneelast	kN/m²
s_0	auf die Horizontale wirkende Schneeregellast	kN/m²
μ_i	Formbeiwert	–

Tabelle 070|2-03: Formbeiwerte der Schneelast – ÖNORMen EN 1991-1-3 [47] und B 1991-1-3 [31]

	Flachdächer ($\alpha \leq 5$ °) und Pultdächer	symmetrische Satteldächer
Dachform		
Lastbild		
0 ° $<\alpha \leq 30$ °	$\mu_1 = 0,8$ $\mu_2 = 0,8 + \dfrac{0,8 \cdot \alpha}{30}$	$\mu_1 = 0,8$ $\mu_2 = 0,5 \cdot \mu_1$ bzw. μ_1
30 ° $<\alpha <60$ °	$\mu_1 = 0,8\dfrac{60-\alpha}{30}$ $\mu_2 = 1,6$	$\mu_1 = 0,8\dfrac{60-\alpha}{30}$ $\mu_2 = 0,5 \cdot \mu_1$ bzw. μ_1
60 ° $\leq\alpha$	$\mu_1 = 0$	$\mu_1 = \mu_2 = 0$

Wind

Es ist grundsätzlich zu unterscheiden zwischen der Wirkung der Windkraft auf das Objekt (Umsturzsicherheit) und der Wirkung auf Objektteile wie Wände oder Dächer.

$$w = q \cdot (c_{pe} - c_{pi})$$

(070|2-04)

w	Windkraft normal auf die Fläche	kN/m²
q	Staudruckwert (Tabelle 070.2-06)	kN/m²
$(c_{pe} - c_{pi})$	Differenzdruckbeiwert außen und innen	–

Die Ermittlung der Windbeanspruchung auf flachgeneigte Dächer und Steildächer erfolgt unter Verwendung von ÖNORM EN 1991-1-4 [48] sowie in Österreich der ÖNORM B 1991-1-4 [32] (siehe auch Band 2: Tragwerke [13]) und ist stark abhängig von der jeweiligen Dachform. Sie resultiert aus dem Produkt aus:

Windkräfte nach ÖNORM B 1991-1-4

- Formbeiwert des Baukörpers [-]
- Größe der angeströmten Fläche [m²]
- Staudruck [kN/m²] lage-, höhen-, ortsabhängig

Als Größenordnung der Windkraft ergeben sich rund 0,5 bis 2,0 kN/m² angeströmte Fläche. Der Grundwert der Basiswindgeschwindigkeit $v_{b,0}$ ist die charakteristische mittlere 10-Minuten-Windgeschwindigkeit, die unabhängig von Windrichtung und Jahreszeit, in 10 m Höhe über dem Boden, für ebenes, offenes Gelände mit niedriger Vegetation (Gelände der Kategorie II) anzusetzen ist. Statistisch besitzt diese Windbeanspruchung eine mittlere Wiederkehrperiode von 50 Jahren. Diese Windgeschwindigkeiten, umgerechnet auf Böenwindgeschwindigkeiten, schwanken im österreichischen Bundesgebiet in einer Bandbreite von 85 bis 135 km/h.

Tabelle 070|2-04: Grundwerte der Windbeanspruchung österreichischer Landeshauptstädte – ÖNORM B 1991-1-4 [32]

Ort	$v_{b,0}$ [m/s]	$q_{b,0}$ [kN/m²]
Wien	25,1–27,0	0,39–0,46
St. Pölten	25,8	0,42
Eisenstadt	24,6	0,38
Linz	27,4	0,47
Salzburg	25,1	0,39
Graz	20,4	0,26
Klagenfurt	17,6	0,19
Innsbruck	27,1	0,46
Bregenz	25,5	0,41
Mindestwert	17,6	0,19
Maximalwert	28,3	0,50

Aus dem Grundwert der Basiswindgeschwindigkeit $v_{b,0}$ errechnet sich dann unter Berücksichtigung der Geländekategorie (in Österreich nur II bis IV) der Böenstaudruck q_p und daraus unter Einbeziehung der Bauwerksabmessungen und der Zonen des Daches die Windbeanspruchung auf die Dachfläche.

Tabelle 070|2-05: Geländekategorien nach ÖNORM EN 1991-1-4 [32]

0	See, Küstengebiete, die der offenen See ausgesetzt sind
I	Seen oder Gebiete mit niedriger Vegetation und ohne Hindernisse
II	Gebiete mit niedriger Vegetation wie Gras und einzelne Hindernisse (Bäume, Gebäude) mit Abständen von min. 20-facher Hindernishöhe
III	Gebiete mit gleichmäßiger Vegetation oder Bebauung oder mit einzelnen Objekten mit Abständen von weniger als der 20-fachen Hindernishöhe (z. B. Dörfer, vorstädtische Bebauung, Waldgebiete)
IV	Gebiete, in denen mindestens 15 % der Oberfläche mit Gebäuden mit einer mittleren Höhe von 15 m bebaut sind

$$\text{II:} \quad q_p = q_{b,0} \cdot 2{,}10 \cdot \left(\frac{z}{10}\right)^{0,24}$$

$$\text{III:} \quad q_p = q_{b,0} \cdot 1{,}75 \cdot \left(\frac{z}{10}\right)^{0,29}$$

$$\text{IV:} \quad q_p = q_{b,0} \cdot 1{,}20 \cdot \left(\frac{z}{10}\right)^{0,38}$$

(070|2-05)

$q_{b,0}$	Referenzwert des Staudruckes	kN/m²
q_p	Böenstaudruck	kN/m²
z	Höhe über Gelände mit z ≥z_{min}	m
	Geländeform II: z_{min} = 5 m	
	Geländeform III: z_{min} = 10 m	
	Geländeform IV: z_{min} = 15 m	

$$w_{e,10} = q_p(z_e) \cdot c_{pe,10}$$

$w_{e,10}$	Winddruck außen	kN/m²
q_p	Böenstaudruck	kN/m²
z_e	Bezugshöhe für Außendruck	m
$c_{pe,10}$	aerodynamischer Beiwert für Außendruck	-

Die aerodynamischen Beiwerte für das flachgeneigte Dach und das Steildach hängen einerseits von der Ausbildung der Dachform und andererseits von der Größe und der Form der Dachfläche (Lasteinflussfläche) ab. Für die Dimensionierung der Unterkonstruktion (Dachstuhl) sind die Werte von $c_{pe,10}$ anzusetzen. Bei Dächern über offenen Hallentragwerken ist ergänzend zum Außendruck noch ein entsprechender Innendruck zu berücksichtigen.

Tabelle 070|2-06: aerodynamische Beiwerte für Außendruck auf Pultdächer – ÖNORM B 1991-1-4 [32]

Neigungs-winkel α	F $C_{pe,10}$	G $C_{pe,10}$	H $C_{pe,10}$	I $C_{pe,10}$
5°	-2,3	-2,3	-0,8	-0,8
	0,0	0,0	0,0	0,0
15°	-2,5	-2,5	-0,9	-0,9
	0,2	0,2	0,2	0,2
30°	-2,1	-2,1	-1,0	-1,0
	0,7	0,7	0,4	0,4
45°	-1,0	-1,5	-1,0	-1,0
	0,6	0,7	0,6	0,6
60°	-1,0	-1,2	-1,0	-1,0
	0,7	0,7	0,7	0,7
75°	-1,0	-1,2	-1,0	-1,0
	0,8	0,8	0,8	0,8

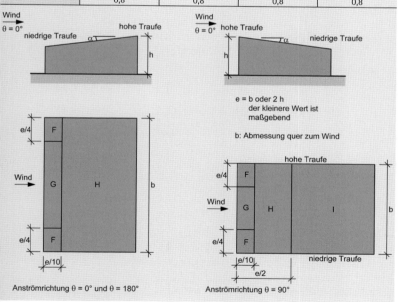

Speziell in Rand-, First-, Grat- und Eckbereichen ist für die Bemessung unmittelbar belasteter Dachelemente und deren Befestigungen eine erhöhte Windbeanspruchung anzusetzen.

Tabelle 070|2-07: aerodynamische Beiwerte für Außendruck auf Sattel- und
Trogdächer – ÖNORM B 1991-1-4 [32]

Neigungs-winkel α	F	G	H	I	J
	Cpe,10	Cpe,10	Cpe,10	Cpe,10	Cpe,10
-45°	-1,4	-1,4	-1,0	-1,0	-1,4
-30°	-1,5	-1,5	-1,0	-1,0	-1,5
-15°	+2,5	+2,5	-0,9	-0,9	+2,5
-5°	-2,3	-2,3	-0,8	-0,8	-2,3
	0,2	0,2	0,2	0,2	0,2
5°	-1,7	-1,7	-0,7	-0,7	-1,7
	0,2	0,2	0,0	0,0	0,2
15°	-1,3	-1,3	-0,6	-0,6	-1,3
	0,2	0,2	0,2	0,2	0,2
30°	-1,4	-1,4	-0,8	-0,8	-1,4
	0,7	0,7	0,4	0,4	0,7
45°	-1,4	-1,4	-0,9	-0,9	-1,4
	0,7	0,7	0,6	0,6	0,7
60°	-1,2	-1,2	-0,8	-0,8	-1,2
	0,7	0,7	0,7	0,7	0,7
75°	-1,2	-1,2	-0,8	-0,8	-1,2
	0,8	0,8	0,8	0,8	0,8

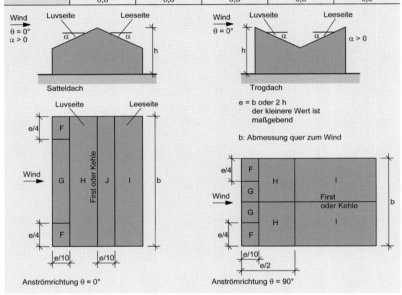

Nutzlasten

Bei Dachkonstruktionen ist nach ÖNORM EN 1991-1-1 [40] und ÖNORM B 1991-1-1 [39] eine Nutzlast in Abhängigkeit von der Zugänglichkeit nach drei Nutzungskategorien auszuwählen, wobei im allgemeinen Fall nur die Nutzungskategorie H (nicht zugängliche Dächer außer für übliche Unterhaltungs- und Instandsetzungsmaßnahmen) maßgebend ist.

Nutzlasten nach ÖNORM B 1991-1-1

Tabelle 070|2-08: Nutzlasten für Dächer bezogen auf die Projektionsfläche [39]

Nutzungsart	Kategorie	q_k [kN/m²]	Q_k [kN]
Dachkonstruktionen	H	1,0	1,5

q_k braucht nur auf eine maximale Fläche A = 18 m² in ungünstigster Position angesetzt werden.

Tabelle 070|2-09: aerodynamische Beiwerte für Außendruck auf Walmdächer – ÖNORM B 1991-1-4 [32]

Neigungs-winkel α	F Cpe,10	G Cpe,10	H Cpe,10	I Cpe,10	J Cpe,10	K Cpe,10	L Cpe,10	M Cpe,10	N Cpe,10
5°	-1,7	-1,7	-0,6	-0,6	-1,7	-1,7	-1,7	-0,6	-0,6
	0,0	0,0	0,0	0,0	0,0	0,0	0,0	0,0	0,0
15°	-1,4	-1,4	-0,6	-0,6	-1,4	-1,4	-1,4	-0,6	-0,6
	0,2	0,2	0,2	0,2	0,2	0,2	0,2	0,2	0,2
30°	-1,4	-1,4	-0,8	-0,8	-1,4	-1,4	-1,4	-0,8	-0,8
	0,7	0,7	0,4	0,4	0,7	0,7	0,7	0,4	0,4
45°	-1,3	-1,3	-0,8	-0,8	-1,3	-1,3	-1,3	-0,8	-0,8
	0,7	0,7	0,6	0,6	0,7	0,7	0,7	0,6	0,6
60°	-1,2	-1,2	-0,4	-0,4	-1,2	-1,2	-1,2	-0,4	-0,4
	0,7	0,7	0,7	0,7	0,7	0,7	0,7	0,7	0,7
75°	-1,2	-1,2	-0,4	-0,4	-1,2	-1,2	-1,2	-0,4	-0,4
	0,8	0,8	0,8	0,8	0,8	0,8	0,8	0,8	0,8

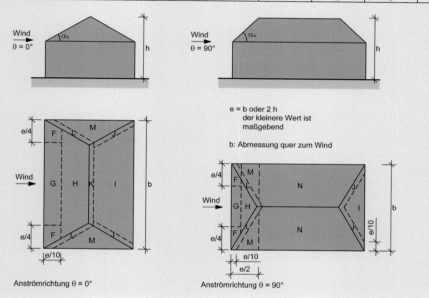

Die auf den Dachkonstruktionen angesetzten Nutzlasten weisen im Vergleich zu früheren Ausführungen nationaler Normen keine Abminderungsmöglichkeit in Abhängigkeit der Dachneigung auf, sie sind jedoch nicht mehr als gleichzeitig wirkend mit Schneelasten und Windkräften anzusetzen.

Die in Tabelle 070|2-08 angegebenen Nutzlasten berücksichtigen keine unkontrollierte Anhäufung von Baumaterial und sind unabhängig und voneinander getrennt anzusetzen.

Außergewöhnliche Einwirkungen   070|2|1|5

Außergewöhnliche Einwirkungen sind allgemein jene, die nur in seltenen Fällen auftreten. Dies betrifft besonders Belastungen aus Erdbeben nach ÖNORM EN 1998-1 [50] und B 1998-1 [35] (siehe Band 2: Tragwerke [13]) sowie Einwirkungen durch Brand (siehe 070|2|5).

Bemessungswerte

Für die Bemessung im Holzbau wird Holz in Festigkeitsklassen sortiert. Die Festigkeitswerte sind je nach Sicherheitssystem (ÖNORM, DIN, EC) verschieden. Die Erklärung dafür liegt in der Materialsicherheit, die in ÖNORM und DIN in einer Gesamtsicherheit ausgedrückt und im EC über Einzelfaktoren dargestellt wird. Im Gegenzug dazu bilden die mit den Erhöhungsfaktoren multiplizierten Einwirkungen den Bemessungswert.

Die grundsätzlichen Bemessungsformeln können auf Nachweise nach Theorie I. Ordnung beschränkt bleiben. Hier gilt für die Biegebeanspruchung die klassische Biegeformel mit Moment / Widerstandsmoment bzw. für die Normalspannung der Ansatz Normalkraft / Querschnittsfläche. Für die Bemessung im Holzbau ist die aus dem Wuchs gegebene Orientierung in Faserrichtung und quer zur Faserrichtung zu beachten. Die Festigkeitsunterschiede bzw. das Festigkeitsverhältnis beträgt dabei ~ 4:1, sodass neben den Formeln und den zugehörigen Faktoren der Grundsatz „gut konstruiert ist halb gerechnet" von großer Bedeutung ist.

Sicherheitskonzept

Im semiprobabilistischen Sicherheitskonzept sind die Widerstände entsprechend der Wahrscheinlichkeit ihrer tatsächlichen Verteilungen angesetzt und den festgelegten Einwirkungen gegenübergestellt. Der Nachweis beruht auf dem Vergleich des Bemessungswertes der Einwirkungen (= Einwirkung vervielfacht mit einem Teilsicherheitsbeiwert für diese Einwirkung) mit dem Bemessungswert des Widerstands (= Materialwiderstand dividiert durch den Teilsicherheitsbeiwert des Materials). Die herangezogenen Werte der Einwirkungen bzw. der Widerstände sind die 5 %- bzw. 95 %-Fraktilwerte der unterstellten Dichtefunktionen.

$$E_d \leq R_d$$

(070|2-07)

| E_d | Bemessungswert der Einwirkung | z. B. kN |
| R_d | Bemessungswiderstand des Bauteils | z. B. kN |

Abbildung 070|2-01: Wahrscheinlichkeitsdichten von Beanspruchung und Widerstand sowie ihre gegenseitige Beeinflussung

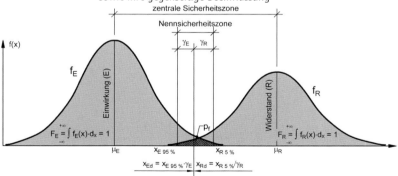

Grenzzustände der Tragfähigkeit

sind diejenigen Zustände, die im Zusammenhang mit dem Einsturz oder anderen Formen des Tragwerksversagens die Sicherheit von Menschen gefährden können.

Tragfähigkeit

Grenzzustände der Gebrauchstauglichkeit

sind diejenigen Zustände, bei deren Überschreitung die festgelegten Bedingungen für die Gebrauchstauglichkeit nicht mehr erfüllt sind.

Grenzzustände der Dauerhaftigkeit

Tragwerke sind so zu bemessen, dass zeitabhängige Veränderungen der Eigenschaften das Verhalten des Tragwerks während der geplanten Nutzungsdauer nicht unvorhergesehen verändern.

Charakteristische Werte

Gekennzeichnet durch den Index k für einerseits die Belastung (Beanspruchung) E und andererseits die Festigkeit (Widerstand) R. Die charakteristischen Werte E_k und R_k sind in der Gaußverteilung (Häufigkeit) festgelegt. Sie stellen den Mittelwert innerhalb der Verteilung dar.

Bemessungswerte (Design-Werte)

Gekennzeichnet durch den Index d für einerseits die Belastung (Beanspruchung) E und andererseits die Festigkeit (Widerstand) R. Durch Einbeziehung der Teilsicherheitsbeiwerte ergeben sich aus den charakteristischen Werten die Bemessungswerte.

Abbildung 070|2-02: Bemessungsvorgang semiprobabilistisches Sicherheitskonzept

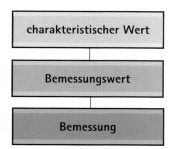
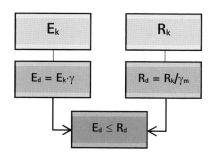

Bisher wurden die Belastungen von statischen Systemen als bekannt angenommen. Jedoch ist die Berechnung der einwirkenden Belastungen auf ein Bauteil auch ein sehr wichtiger Teil der statischen Analyse. Um eine korrekte Bemessung durchzuführen, muss daher bei diesem Schritt sorgfältig vorgegangen werden, damit die Bauteile den tatsächlichen Lastwirkungen mit ausreichender Sicherheit standhalten können. Einwirkungen können nicht nur mittels Einwirkungsart unterschieden werden, sondern auch mittels der Einwirkungsform. Im Laufe der Bemessung gewinnt die Einwirkungsform mehr an Wichtigkeit, da durch diese Kategorien unterschieden werden kann, welche Einwirkungen genau und welche nur näherungsweise errechnet werden können. Danach richtet sich auch später ein gewisser Sicherheitsfaktor.

Teilsicherheitsbeiwerte Einwirkung

070|2|2|1|1

Je nach der Art der Einwirkung in „ungünstig" oder „günstig" werden dabei unterschiedliche Teilsicherheitsbeiwerte wirksam.

Tabelle 070|2-10: Teilsicherheitsbeiwerte für die Einwirkungen – ÖNORM EN 1990 [44]

Art der Einwirkung	Auswirkung	
	ungünstig	günstig
ständig	$\gamma_{G,i} = 1{,}35$	$\gamma_{G,i} = 1{,}00$
veränderlich	$\gamma_{Q,i} = 1{,}50$	$\gamma_{Q,i} = 0{,}00$

Sidebar terms:
- Gebrauchstauglichkeit
- Dauerhaftigkeit
- charakteristische Einwirkung
- charakteristischer Widerstand
- Bemessungseinwirkung
- Bemessungswiderstand
- semiprobabilistisches Sicherheitskonzept

Tabelle 070|2-11: Einwirkungsarten und -kombinationen

Einwirkung	Beschreibung	Beispiel
direkte	auf ein Tragwerk einwirkende Kraft (Last)	Eigenlast
indirekte	aufgezwungene oder behinderte Verformung oder Bewegung, z. B. aus Temperatur-, Feuchteänderung, ungleicher Setzung oder Erdbeben	Brandeinwirkung, Umwelteinwirkungen
zeitlich unveränderliche	ständige Einwirkung, deren zeitliche Änderung gegenüber dem Mittelwert vernachlässigbar ist	Eigenlast von Tragwerken, von Belägen
zeitlich veränderliche	Einwirkung, die die Voraussetzung einer ständigen Einwirkung nicht erfüllt	Nutzlast, Windkraft, Schneelast
statische	Einwirkung, die keine westliche Beschleunigung des Tragwerks oder Bauteils hervorruft	Eigenlast, Schneelast
vorwiegend ruhende	statische und nicht ruhende Einwirkung, die jedoch als ruhend angesehen wird	Nutzlast in Parkhäusern, Windkraft
dynamische	nicht vorwiegend ruhende oder stoßende oder sich häufig wiederholende Belastung mit wesentlichen Beschleunigungen oder vielfachen Beanspruchungsänderungen auf das Tragwerk bzw. Bauteil	Kran-, Kranbahn-, Gabelstaplerlasten, Verkehrslasten auf Brücken
quasistatisch	dynamische Einwirkung, die durch Zuschläge oder Faktoren als statische Einwirkung betrachtet wird	
außergewöhnliche	Einwirkung von kurzer Dauer, tritt mit hoher Wahrscheinlichkeit während der Nutzungsdauer nicht auf, verursacht jedoch erhebliche Schäden	Explosion, Anprall von Fahrzeugen, Erdbeben
seismische	außergewöhnliche Einwirkung aus Erdbeben	Erdbeben
ortsfeste	Eigenlasten, ständige Lasten aus darüberliegenden Stockwerken, Vorspannung	
freie	Einwirkungen ohne Voraussetzung der örtlichen Unveränderbarkeit, z. B. Verkehrslasten wie sich bewegende Lasten bei Kranbahnen und Kranen	Gabelstapler, bei Brücken, Wind- und Schneelast

Bemessungswerte der Einwirkungen

070|2|2|1|2

Für die Festlegung der Bemessungseinwirkungen ist einerseits in Grundkombinationen und andererseits in außergewöhnliche Kombinationen und Einwirkungen für die Bemessungssituation bei Erdbeben zu unterscheiden.

Für jeden kritischen Lastfall sind die Bemessungswerte der Auswirkungen der Kombination der Einwirkungen zu bestimmen, die gemäß den in ÖNORM EN 1990 [44] enthaltenen Regeln als gleichzeitig auftretend angenommen werden. Jede Einwirkungskombination sollte dabei eine dominierende Einwirkung (Leiteinwirkung) oder eine außergewöhnliche Einwirkung ausweisen.

Tabelle 070|2-12: Kombinationsbeiwerte ψ – ÖNORM EN 1990 [44]

Einwirkungen	ψ_0	ψ_1	ψ_2
Nutzlasten im Hochbau			
Kategorie A: Wohngebäude	0,7	0,5	0,3
Kategorie B: Bürogebäude	0,7	0,5	0,3
Kategorie C: Versammlungsräume	0,7	0,7	0,6
Kategorie D: Verkaufsflächen	0,7	0,7	0,6
Kategorie E: Lagerflächen	1,0	0,9	0,8
Kategorie F: Fahrzeuggewicht ≤30 kN	0,7	0,7	0,6
Kategorie G: 30 kN <Fahrzeuggewicht ≤160 kN	0,7	0,5	0,3
Kategorie H: Dächer	0,0	0,0	0,0
Schneelasten im Hochbau			
Orte mit einer Höhe über 1000 m über NN	0,7	0,5	0,2
Orte mit einer Höhe niedriger als 1000 m über NN	0,5	0,2	0,0
Windlasten im Hochbau	0,6	0,2	0,0
Temperaturanwendungen (ohne Brand) im Hochbau	0,6	0,5	0,0

Kombinationsbeiwerte für Einwirkungen

Ständige oder vorübergehende Bemessungssituationen (Grundkombinationen)

070|2|2|1|3

Die Grundkombinationen sollten aus dem Bemessungswert der dominierenden veränderlichen Einwirkung (Leiteinwirkung) und den Bemessungswerten der Kombinationswerte der begleitenden veränderlichen Einwirkungen (Begleiteinwirkungen) ermittelt werden.

$$E_d = \sum_{j \geq 1} \gamma_{G,j} \cdot G_{k,j} + \gamma_{Q,1} \cdot Q_{k,1} + \sum_{i>1} \gamma_{Q,i} \cdot \psi_{0,i} \cdot Q_{k,i}$$

(070|2-08)

E_d	Bemessungswert der Einwirkungen	z. B. kN
$G_{k,j}$	ständige Einwirkungen	z. B. kN
$Q_{k,1}$	dominierende veränderliche Einwirkung = Leiteinwirkung	z. B. kN
$Q_{k,i}$	veränderliche Einwirkungen = Begleiteinwirkungen	z. B. kN
$\gamma_{G,j}$	Teilsicherheitsbeiwert ständige Einwirkungen	–
$\gamma_{Q,1}$	Teilsicherheitsbeiwert dominierende veränderliche Einwirkung	–
$\gamma_{Q,i}$	Teilsicherheitsbeiwerte veränderliche Einwirkungen	–
$\psi_{Q,i}$	Kombinationsbeiwerte veränderliche Einwirkungen	–

Außergewöhnliche Bemessungssituationen

070|2|2|1|4

Die Einwirkungskombinationen für außergewöhnliche Bemessungssituationen sollten entweder explizit eine außergewöhnliche Einwirkung A (z. B. Brandbelastung oder Anprall) enthalten oder eine Situation nach dem außergewöhnlichen Ereignis erfassen (A = 0). Die Wahl zwischen $\psi_{1,1}$ oder $\psi_{2,1}$ hängt von der maßgebenden außergewöhnlichen Bemessungssituation ab (Anprall, Brandbelastung oder Überleben nach einem außergewöhnlichen Ereignis).

$$E_d = \sum_{j \geq 1} G_{k,j} + A_d + (\psi_{1,1} \text{ oder } \psi_{2,1}) \cdot Q_{k,1} + \sum_{i>1} \psi_{2,i} \cdot Q_{k,i}$$

(070|2-09)

E_d	Bemessungswert der Einwirkungen	z. B. kN
$G_{k,j}$	ständige Einwirkungen	z. B. kN
A_d	außergewöhnliche Einwirkung	z. B. kN
$Q_{k,1}$	dominierende veränderliche Einwirkung = Leiteinwirkung	z. B. kN
$Q_{k,i}$	veränderliche Einwirkungen = Begleiteinwirkungen	z. B. kN
$\psi_{1,1}$ $\psi_{2,1}$	Kombinationsbeiwert dominierende veränderliche Einwirkung	–
$\psi_{2,i}$	Kombinationsbeiwerte veränderliche Einwirkungen	–

Bemessungssituationen bei Erdbebeneinwirkungen

070|2|2|1|5

Zur Bestimmung der Auswirkung der Einwirkungen bei Erdbeben wird üblicherweise die quasiständige Einwirkungskombination unter Verwendung des Kombinationsbeiwertes ψ_2 für die veränderlichen Einwirkungen angesetzt.

$$E_d = \sum_{j \geq 1} G_{k,j} + A_{Ed} + \sum_{i \geq 1} \psi_{2,i} \cdot Q_{k,i}$$

(070|2-10)

E_d	Bemessungswert der Einwirkungen	z. B. kN
$G_{k,j}$	ständige Einwirkungen	z. B. kN
A_{Ed}	Erdbebeneinwirkung	z. B. kN
$Q_{k,i}$	veränderliche Einwirkungen	z. B. kN
$\psi_{2,i}$	Kombinationsbeiwerte veränderliche Einwirkungen	–

Festigkeiten

070|2|2|2

Maßgebliche Einflussfaktoren für das Gesamttragverhalten eines Bauwerkes sind die Wahl des Tragsystems, die Tragwerksquerschnitte und die eingesetzten Baustoffe sowie die Belastungssituation. Bei der statischen Berechnung eines Bauwerkes ist die Einsatzfähigkeit der gewählten Baustoffe zu prüfen. Die dafür maßgebenden Kennwerte für Holz sind in der ÖNORM B 4100–2 [40] geregelt. Diese Norm sieht drei visuelle und vier maschinelle Sortierklassen für Vollholz vor. Für Brettschichtholz aus festigkeitssortierten Lamellen sind vier Brettschichtklassen (BS11, BS14, BS16, BS18) vorgesehen, wobei je nach Aufbau des Querschnittes mit Lamellen einer Festigkeitsklasse oder unterschiedlicher Festigkeitsklassen zwischen homogenem und kombiniertem Brettschichtholz unterschieden wird.

Tabelle 070|2-13 zeigt die zulässigen Spannungen je nach Holzgüte nach der alten ÖNORM B 4100-2 für Vollholz. Anhand dieser Werte kann über-schlagsmäßig gerechnet und somit eine erste Abschätzung der Querschnitts-fläche getroffen werden. Dies kann aber keine Nachweisführung nach EC5 ersetzen.

Tabelle 070|2-13: zulässige Beanspruchungen für Vollholz, auch keilgezinkt (Holzfeuchte ≤20 % der Darrmasse) – ÖNORM B 4100-2 [40]

| Querschnittsaufbau – Typ | Vollholz aus Fichte, Tanne, Kiefer, Lärche, Douglasie | | | | | Vollholz aus Eiche, Buche |
	S7/ MS7 [N/mm²]	S10/ MS10 [N/mm²]	S13 [N/mm²]	MS13 [N/mm²]	MS17 [N/mm²]	LS10 [N/mm²]
E-Modul faserparallel $E_{//}$	8000	10000 [1) 2)]	10500 [1)]	11500 [1)]	12500 [1)]	11000 [1)]
E-Modul fasernormal $E_\perp$	250	300	350	350	400	600
Schubmodul [3)] G	500	500	500	550	600	650
Biegung $\sigma_{B,zul}$	7,0	10,0 [2)]	13,0	15,0	17,0	13,0
Zug $\sigma_{Z//,zul}$	0,0/4,0	7,0	9,0	10,0	12,0	10,0
Zug $\sigma_{Z\perp,zul}$	0,0/0,05	0,05	0,05	0,05	0,05	0,05
Druck $\sigma_{D//,zul}$	6,0	8,5 [2)]	11,0	11,0	12,0	10,0
Druck [4)] $\sigma_{D\perp,zul}$	2,0	2,0	2,5	2,5	2,5	5,0
Abscheren $\tau_{a,zul}$	0,9	0,9	0,9	0,9	0,9	1,3
Schub aus Querkraft $\tau_{Q,zul}$	1,0	1,0	1,0	1,0	1,0	1,3
Torsion $\tau_{T,zul}$	1,0	1,0	1,0	1,0	1,0	1,6
Rollschub $\tau_{R,zul}$	0,5	0,5	0,5	0,5	0,5	0,5

1) Für Holz, das mit einer Holzfeuchte von ≤15 % eingebaut wird, darf dieser Wert um 10 % erhöht werden, wenn beim Einbau die Holzfeuchte nachgewiesen wird.
2) Dieser Wert darf bei Baurundholz ohne Schwächung der Randzone um 20 % erhöht werden.
3) Der zur Rollschubbeanspruchung gehörende Schubmodul darf mit GR = 0,10·G angenommen werden.
4) Wenn größere Eindrückungen unbedenklich sind und erforderlichenfalls konstruktiv berücksichtigt werden, dürfen diese Werte um 20 % erhöht werden (nicht bei Anschlüssen mit verschiedenen Verbindungsmitteln).

Um eine Schnittstelle der alten ÖNORM und den neuen EC 5 zu bilden, sind in den folgenden Tabellen die Güteklassen gegenübergestellt.

Tabelle 070|2-14: Zuordnung von Festigkeitsklassen zu Sortierklassen nach EC 5

| Festigkeitsklasse nach ÖNORM EN 338 | Zuordnung |
	Sortierklasse nach ÖNORM DIN 4074-1
C16	S 7, MS 7
C24	S 10, MS 10
C30	S 13
C35	MS 13
C40	MS 17

Tabelle 070|2-15: Zuordnung von Festigkeitsklassen zu Sortierklassen nach EC 5

| Festigkeitsklasse nach ÖNORM EN 1194 | Zuordnung |
	Sortierklasse nach ÖNORM
GL 24h	BS 11
GL 28h	BS 14
GL 32h	BS 16

Der Bemessungswert der Festigkeit ergibt sich durch die Multiplikation des charakteristischen Wertes und den aus dem Sicherheitsprinzip entsprungenen Abminderungsfaktoren.

Tabelle 070|2-16: charakteristische Festigkeiten für Nadelholz – ÖNORM EN 338 [43]

Festigkeitseigenschaften [kN/cm²]	Symbol	C14	C16	C18	C20	C22	C24	C27	C30	C35	C40	C45	C50
Biegung	$f_{m,k}$	1,4	1,6	1,8	2,0	2,2	2,4	2,7	3,0	3,5	4,0	4,5	5,0
Zug in Faserrichtung	$f_{t,0,k}$	0,8	1,0	1,1	1,2	1,3	1,4	1,6	1,8	2,1	2,4	2,7	3,0
Zug rechtwinklig zur Faserrichtung	$f_{t,90,k}$	0,04	0,04	0,04	0,04	0,04	0,04	0,04	0,04	0,04	0,04	0,04	0,04
Druck in Faserrichtung	$f_{c,0,k}$	1,6	1,7	1,8	1,9	2,0	2,1	2,2	2,3	2,5	2,6	2,7	2,9
Druck rechtwinklig zur Faserrichtung	$f_{c,90,k}$	0,2	0,22	0,22	0,23	0,24	0,25	0,26	0,27	0,28	0,29	0,31	0,32
Schub	$f_{v,k}$	0,3	0,32	0,34	0,36	0,38	0,40	0,40	0,40	0,40	0,40	0,40	0,40
Steifigkeitseigenschaften [kN/cm²]													
Mittelwert des E-Moduls in Faserrichtung	$E_{0,mean}$	7	8	9	9,5	10	11	11,5	12	13	14	15	16
5 %-Quantil des E-Moduls in Faserrichtung	$E_{0,05}$	4,7	5,4	6,0	6,4	6,7	7,4	7,7	8,0	8,7	9,4	10,0	10,7
Mittelwert des E-Moduls rechtwinklig zur Faserrichtung	$E_{90,mean}$	0,23	0,27	0,30	0,32	0,33	0,37	0,38	0,40	0,43	0,47	0,50	0,53
Mittelwert des Schubmoduls	G_{mean}	0,44	0,50	0,56	0,59	0,63	0,69	0,72	0,75	0,81	0,88	0,94	1,00
Rohdichte [kg/m³]													
Rohdichte	ρ_k	290	310	320	330	340	350	370	380	400	420	440	460
Mittelwert der Rohdichte	ρ_{mean}	350	370	380	390	410	420	450	460	480	500	520	550

Tabelle 070|2-17: charakteristische Festigkeiten in kN/cm², homogenes Brettschichtholz – ÖNORM EN 14080 [52]

Eigenschaft	Symbol	GL 20h	GL 22h	GL 24h	GL 26h	GL 28h	GL 30h	GL 32h
Biegefestigkeit	$f_{m,g,k}$	2,00	2,20	2,40	2,50	2,80	3,00	3,20
Zugfestigkeit	$f_{t,0,g,k}$	1,60	1,76	1,92	2,08	2,23	2,40	2,56
	$f_{t,90,g,k}$				0,05			
Druckfestigkeit	$f_{c,0,g,k}$	2,00	2,20	2,40	2,60	2,80	3,00	3,20
	$f_{c,90,g,k}$				0,25			
Schubfestigkeit (Schub und Torsion)	$f_{v,g,k}$				0,35			
Rollschubfestigkeit	$f_{r,g,k}$				0,12			
Elastizitätsmodul	$E_{0,g,mean}$	840	1050	1150	1210	1260	1260	1420
	$E_{0,g,05}$	700	880	960	1010	1050	1130	1180
	$E_{90,g,mean}$				30			
	$E_{90,g,05}$				25			
Schubmodul	$G_{g,mean}$				65			
	$G_{g,05}$				54			
Rollschubmodul	$G_{r,g,mean}$				6,5			
	$G_{r,g,05}$				5,4			
Rohdichte [kg/m³]	$\rho_{g,k}$	340	370	385	405	425	430	440
	$\rho_{g,mean}$	370	410	420	445	460	480	490

Tabelle 070|2-18: charakteristische Festigkeiten in kN/cm², inhomogenes Brettschichtholz – ÖNORM EN 14080 [52]

Eigenschaft	Symbol	GL 20c	GL 22c	GL 24c	GL 26c	GL 28c	GL 30c	GL 32c
Biegefestigkeit	$f_{m,g,k}$	2,00	2,20	2,40	2,60	2,80	3,00	3,20
Zugfestigkeit	$f_{t,0,g,k}$	1,50	1,60	1,70	1,90	1,95	1,95	1,95
	$f_{t,90,g,k}$				0,05			
Druckfestigkeit	$f_{c,0,g,k}$	1,85	2,00	2,15	2,35	2,40	2,45	2,45
	$f_{c,90,g,k}$				0,25			
Schubfestigkeit (Schub und Torsion)	$f_{v,g,k}$				0,35			
Rollschubfestigkeit	$f_{r,g,k}$				0,12			
Elastizitätsmodul	$E_{0,g,mean}$	1040	1040	1100	1200	1250	1300	1350
	$E_{0,g,05}$	860	860	910	1000	1040	1080	1120
	$E_{90,g,mean}$				30			
	$E_{90,g,05}$				25			
Schubmodul	$G_{g,mean}$				65			
	$G_{g,05}$				54			
Rollschubmodul	$G_{r,g,mean}$				6,5			
	$G_{r,g,05}$				5,4			
Rohdichte [kg/m³]	$\rho_{g,k}$	355	355	365	385	390	390	400
	$\rho_{g,mean}$	390	390	400	420	420	430	440

Nutzungsklasse

„Holz lebt", daher muss das Bauholz gewissen Ansprüchen entsprechen, um eingebaut zu werden. Je nach Verwendungszweck des Bauholzes muss eine gewisse Temperatur, Luft- und Holzfeuchte gegeben sein. Um die Feuchtigkeit des Holzes und der Umgebung in die Berechnung (Modifikationsfaktor) hineinzubringen, unterteilt man drei Nutzungsklassen.

Nutzungsklasse 1	Nutzungsklasse 2	Nutzungsklasse 3
trocken	im Freien geschützt	direkt bewässert

Holz sollte trocken gehalten werden und nur in Ausnahmesituationen in Nutzungsklasse 2, aber nie in Nutzungsklasse 3 verbaut werden.

Tabelle 070|2-19: Zuordnung von Tragwerken zu Nutzungsklassen – ÖNORM EN 1995-1-1 [49]

Nutzungs-klasse	Umgebungsklima		Holzfeuchte der meisten Nadelhölzer	Tragwerks- bzw. Gebäudetyp
	Temperatur	relative Luftfeuchte[1]		
1	20° C	≤65 %	≤12 %	Innenräume von Wohn-, Schul- und Verwaltungsbauten
2	20° C	≤85 %	≤20 %	Innenräume von Nutzungsbauten wie Lager-, Reit- und Industriehallen
3	–	>85 %	>20 %	Bauteile im Freien mit konstruktivem Holzschutz

1) Die relative Luftfeuchte darf in der Nutzungsklasse 1 und 2 nur für einige Wochen im Jahr die angegebenen Werte übersteigen.

Modifikationsfaktor k_{mod}

Der Modifikationsfaktor k_{mod} berücksichtigt die Randbedingungen, in denen der Holzbauteil eingebettet ist. Das beinhaltet vor allem den Feuchtigkeitsbereich, in dem er eingebaut wird (Nutzungsklasse), und die Lasteinwirkungsdauer, die je nach Lastkombination unterschiedlich sein kann.

Tabelle 070|2-20: Klassen der Lasteinwirkungsdauer – ÖNORM B 1995-1-1 [33]

Klasse der Lasteinwirkung	Größenordnung der akkumulierten Dauer der charakteristischen Lasteinwirkung	Beispiele für die Lasteinwirkung
ständig	länger als 10 Jahre	Eigengewicht
lang	6 Monate – 10 Jahre	Lagerstoffe
mittel	1 Woche – 6 Monate	Verkehrslasten, Schnee
kurz	kürzer als eine Woche	Schnee, Wind
sehr kurz		Wind, außergewöhnliche Einwirkungen

Die „normalen Verhältnisse" sind eine mittlere Einwirkungsdauer (Nutzlast) und Einbau in Innenräumen (Nutzungsklasse 1), sowohl für Brettschichtholz wie auch für Vollholzbauteile gilt somit gemäß Tabelle 070|2-21 $k_{mod} = 0{,}80$. Bei den Einwirkungen ist jeweils die Spalte (Klasse der Leisteinwirkungsdauer) mit der kürzesten Lasteinwirkung für den betrachteten Lastfall maßgebend.

Tabelle 070|2-21: Modifikationsbeiwerte k_{mod} – ÖNORM B 1995-1-1 [33]

Baustoff	Nutzungs-klasse	Klasse der Lasteinwirkungsdauer				
		ständig	lang	mittel	kurz	sehr kurz
Vollholz	1	0,60	0,70	0,80	0,90	1,10
	2	0,60	0,70	0,80	0,90	1,10
	3	0,50	0,55	0,65	0,70	0,90
Brett-schichtholz	1	0,60	0,70	0,80	0,90	1,10
	2	0,60	0,70	0,80	0,90	1,10
	3	0,50	0,55	0,65	0,70	0,90
OSB/2	1	0,30	0,45	0,65	0,85	1,10
OSB/3, OSB/4	1	0,40	0,50	0,70	0,90	1,10
	2	0,30	0,40	0,55	0,70	0,90

Verformungsbeiwert k_{def}

070|2|2|5

Der Baustoff Holz zeigt unter ständigen Belastungen eine Kriechverformung. Deren Größe wird mit den Formeln und Regeln für die Gebrauchstauglichkeit ermittelt. Der Verformungsbeiwert k_{def} kann dabei aus Tabelle 070|2-22 herausgelesen werden.

Tabelle 070|2-22: Verformungsbeiwerte k_{def} – ÖNORM B 1995-1-1 [33]

Baustoff	Nutzungsklasse		
	1	2	3
Vollholz	0,60	0,80	2,00
Brettschichtholz	0,60	0,80	2,00

Teilsicherheitsbeiwert γ_M

070|2|2|6

Tabelle 070|2-23: Teilsicherheitsbeiwerte γ_M Holzbaustoffe – ÖNORM B 1995-1-1 [33]

Vollholz (C)	1,30
Brettschichtholz (BSH)	1,25

Die charakteristischen Festigkeiten von Holz sind je nach Beanspruchungs-richtung und Faserrichtung in der Tabelle 070|2-16 angegeben. Die Bemessung erfolgt auf die 5 %-Quantile aller Festigkeitswerte. Diese wird ausgedrückt durch den Teilsicherheitsbeiwert γ_M gemäß ÖNORM B 1995-1-1 [33].

Der Bemessungswert der Steifigkeit E_d, der Schubmodul G_d und der Verschiebungsmodul K_d sind unter Berücksichtigung der Teilsicherheitsbeiwerte γ_M zu ermitteln.

Bemessungswerte der Festigkeitseigenschaften

070|2|2|7

Die Bemessungswerte der Festigkeitseigenschaften sind einerseits von der charakteristischen Festigkeit, Faserrichtung, Beanspruchung und dem zugehörigen Teilsicherheitsbeiwert abhängig, andererseits durch das Umgebungsklima und die Dauer der Lastbeanspruchung beeinflusst. Holz, das im Freien eingebaut wird, ist weniger dauerhaft und tragfähig als Holz im Innenraum von Gebäuden oder unter trockenen Randbedingungen. Holz, das kurzzeitig, zum Beispiel durch Windlasten, belastet wird, kann höhere Kräfte und Spannungen aufnehmen, als wenn es ständig beansprucht wird. Die Lasteinwirkungsdauer sowie das Umgebungsklima eines eingebauten Holzbauteiles wird mit dem Faktor k_{mod} berücksichtigt.

Die Bemessungswerte der Festigkeiten sind dann im Holzbau – abweichend von anderen Baustoffen – mit dem Faktor k_{mod} zu multiplizieren und durch den Teilsicherheitsbeiwert γ_M zu dividieren.

$$f_{x,d} = f_{x,k} \cdot \frac{k_{mod}}{\gamma_M}$$

(070|2-11)

$f_{x,k}$	charakteristischer Wert der Materialeigenschaft
$f_{x,d}$	Bemessungswert der Materialeigenschaft

Dabei steht die Variable x für:

m = Biegung	t = Zug	c = Druck	v = Schub

Tabelle 070|2-24: Beiwertefaktor k_{mod}/γ_M

Baustoff	Nutzungsklasse	Dauer				
		ständig	lang	mittel	kurz	sehr kurz
Vollholz	1	0,46	0,53	0,61	0,69	0,84
	2	0,46	0,53	0,61	0,69	0,84
	3	0,38	0,42	0,50	0,53	0,69
BSH	1	0,48	0,56	0,64	0,72	0,88
	2	0,48	0,56	0,64	0,72	0,88
	3	0,40	0,44	0,52	0,56	0,72

Tragfähigkeitsnachweise

070|2|3

Jeder Bauteil hat seine charakteristischen Schnittgrößen N, Q (V), M bzw. Bemessungsschnittgrößen (siehe (070|2-11)). Die Querschnittsabmessungen werden dann durch die Ermittlung der Spannungen für die jeweilige Schnittgröße und Gegenüberstellungen mit den Bemessungsfestigkeiten ermittelt.

In Abbildung 070|2-03 sind die Achsenrichtungen bei stabförmigen Trägern festgelegt. Diese Definition zieht sich durch die gesamte Bemessung, beispielsweise wirkt die Normalkraft in Richtung der x-Achse (Längsachse) und die Querkraft in Richtung der z-Achse. Darüber hinaus erzeugen Belastungen parallel zur z-Achse ein Moment bezüglich der y-Achse.

Abbildung 070|2-03: Definition der Achsbezeichnungen für stabförmige Holzbauprodukte – ÖNORM B 1995-1-1 [33]

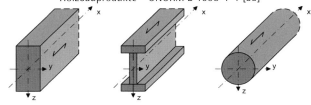

Druck in Faserrichtung

070|2|3|1

Bauteile, die auf Druck beansprucht sind und einen gedrungenen Querschnitt aufweisen (keine Knickgefährdung), können nach Formel (070|2-12) nachgewiesen werden.

$$\sigma_{c,0,d} = \frac{N_{sd}}{A} \le f_{c,0,d} \quad \text{oder} \quad \frac{\frac{N_{Sd}}{A}}{f_{c,0,d}} \le 1$$

(070|2-12)

$\sigma_{c,0,d}$	Bemessungseinwirkung der Druckspannung in Faserrichtung	kN/cm²
N_{sd}	Bemessungswert der Normalkraft	kN
A	Querschnittsfläche des Holzquerschnittes	cm²
$f_{c,0,d}$	Bemessungswert der Druckfestigkeit in Faserrichtung	kN/cm²

Zug in Faserrichtung

070|2|3|1|1

Für Bauteile, die auf Zug beansprucht sind, ist der Nachweis nach Formel (070|2-13) zu führen. Besondere Aufmerksamkeit ist den Bauteilanschlüssen samt deren Bohrungen und Fehlflächen zu widmen. In den Spannungsnachweis sind zwingend die Nettoquerschnittsflächen einzusetzen.

$$\sigma_{t,0,d} = \frac{N_{sd}}{A} \le f_{t,0,d} \quad \text{oder} \quad \frac{\frac{N_{Sd}}{A}}{f_{t,0,d}} \le 1$$

(070|2-13)

$\sigma_{t0,d}$	Bemessungseinwirkung der Zugspannung in Faserrichtung	kN/cm²
$f_{t,0,d}$	Bemessungswert der Druckfestigkeit in Faserrichtung	kN/cm²

Biegebemessung – einachsige Biegung

070|2|3|1|2

Die Biegebemessung erfolgt nach dem Prinzip der linearen Spannungs-Dehnungs-Beziehung im Hook'schen Bereich. Die einachsige Biegung (häufiger Bemessungsfall) setzt eine lotrechte Lastebene voraus, der maßgebliche Querschnittswert ist das Widerstandsmoment. Der Bemessungswert der Biegefestigkeit wird der Spannung in der Randfaser gegenübergestellt.

Abbildung 070|2-04: Biegebemessung einachsige Biegung – Schnittkräfte, Spannungen

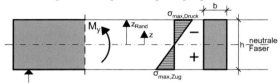

In einigen Bemessungsfällen ist auch die Ermittlung der Biegespannung im Zwischenbereich Achse-Rand erforderlich (Biegehauptgleichung Formel 070|2-14)).

$$\sigma_{m,d} = \frac{M_y \cdot z_{Rand}}{I_y} = \frac{M_y}{W_y}$$

(070|2-14)

M_y	Biegemoment	kN·cm
z_{Rand}	Randabstand von der Schwerachse (größter Hebelarm)	cm
I_y	Trägheitsmoment	cm⁴
W_y	Widerstandsmoment	cm³

$$\sigma_{m,d} = \frac{M_{sd}}{W_y} \le f_{m,d} \quad \text{oder} \quad \frac{\frac{M_{sd}}{W_y}}{f_{m,d}} \le 1$$

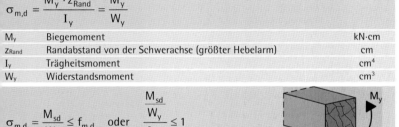

(070|2-15)

$\sigma_{m,d}$	Biegebeanspruchung auf den Querschnitt	kN/cm²
M_{sd}	Bemessungswert des Biegemoments	kN·cm
$f_{m,d}$	Bemessungswert der Biegefestigkeit des Materials	kN/cm²

Biegebemessung – zweiachsige Biegung

070|2|3|1|3

Kommt es zu einem Belastungsfall, bei dem der Holzträger in beiden Hauptachsen belastet ist, spricht man von der zweiachsigen Biegung. Dabei kann es sich auch um eine schiefe Biegung handeln, da die schräg einwirkende Last auf die beiden Achsen aufgeteilt werden muss. Tritt diese zweiachsige Biegung auf, müssen die berechneten Biegespannungen überlagert werden. Dabei gilt für die y-Achse die Biegehauptgleichung (070|2-14) und für die z-Achse analog, wobei das Trägheits- bzw. Widerstandsmoment bezüglich der z-Achse einzusetzen sind.

Abbildung 070|2-05: Biegebemessung zweiachsige Biegung – Spannungen

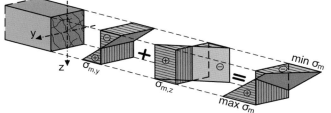

$$\frac{\sigma_{m,y,d}}{f_{m,y,d}} + k_m \cdot \frac{\sigma_{m,z,d}}{f_{m,z,d}} \leq 1$$

$$k_m \cdot \frac{\sigma_{m,y,d}}{f_{m,y,d}} + \frac{\sigma_{m,z,d}}{f_{m,z,d}} \leq 1$$

(070|2-16)

$\sigma_{m,y,d}$	einwirkende Biegespannung in y-Richtung	kN/cm²
$\sigma_{m,z,d}$	einwirkende Biegespannung in z-Richtung	kN/cm²
$f_{m,d}$	Bemessungswert der Biegefestigkeit	kN/cm²
k_m	Beiwert zur Berücksichtigung der Spannungsverteilung mit den Inhomogenitäten des Baustoffes im Querschnitt	
	0,70: bei C und BSH sowie Rechteckquerschnitten	–
	1,00: bei anderen Querschnitten und vereinfachtem Nachweis	

Mit dieser Überlagerung der Spannungen wird deutlich, dass der maximal beanspruchte Bereich bei Rechteckquerschnitten punktförmig im Eckpunkt liegt und nicht so wie bei der einachsigen Biegung über die gesamte Trägerbreite reicht. Dadurch ist die Wahrscheinlichkeit geringer, dass eine Holzfestigkeitsminderung in diesem Bereich herrscht, wie zum Beispiel ein Ast, und es müssen daher bei Rechteckquerschnitten nicht beide vollen Spannungsanteile in der Nachweisführung berücksichtigt werden. Der maßgebende Nachweis entspricht der Rechnung, bei der der kleinere Anteil mit dem Faktor k_m abgemindert wird.

Biegung und Normalkraft

070|2|3|1|4

Die gleichzeitige Wirkung einer Biegebeanspruchung und einer Normalkraft (Druck oder Zug) ist in vielen Fällen des Holzbaus gegeben, zum Beispiel ein Druckriegel eines Windverbands in der Dachebene, der gleichzeitig eine Pfette ist. Die Spannung aus Normalkraft dividiert durch die Bemessungsfestigkeit (Druck oder Zug) ist mit der Spannung aus Biegung dividiert durch die Bemessungsfestigkeit der Biegung zu summieren. Die Gesamtsumme aus beiden Divisionen darf 100 % der Gesamtbeanspruchung nicht überschreiten.

$$\sigma_{t,0,d} = \frac{N_{sd}}{A} \qquad \sigma_{m,z,d} = \frac{M_{z,sd}}{W_z}$$

$$\sigma_{c,0,d} = \frac{N_{sd}}{A} \qquad \sigma_{m,y,d} = \frac{M_{z,sd}}{W_y}$$

(070|2-17)

Biegung – zweiachsig und Zug

070|2|3|1|5

Für Rechteckquerschnitte darf ein Abminderungsfaktor $k_m = 0,7$ sowohl für die vertikale Biegebeanspruchung als auch für die horizontale Biegebeanspruchung angesetzt werden. Die jeweils ungünstigere Kombination ist maßgebend.

$$\frac{\sigma_{t,0,d}}{f_{t,0,d}} + \frac{\sigma_{m,y,d}}{f_{m,y,d}} + k_m \cdot \frac{\sigma_{m,z,d}}{f_{m,z,d}} \leq 1$$

$$\frac{\sigma_{t,0,d}}{f_{t,0,d}} + k_m \cdot \frac{\sigma_{m,y,d}}{f_{m,y,d}} + \frac{\sigma_{m,z,d}}{f_{m,z,d}} \leq 1$$

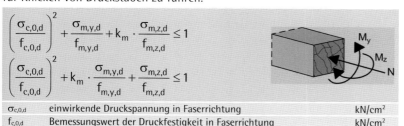

(070|2-18)

$\sigma_{t,0,d}$	einwirkende Zugspannung in Faserrichtung	kN/cm²
$f_{t,0,d}$	Bemessungswert der Zugfestigkeit in Faserrichtung	kN/cm²
$\sigma_{m,y,d}$	einwirkende Biegespannung in y-Richtung	kN/cm²
$\sigma_{m,z,d}$	einwirkende Biegespannung in z-Richtung	kN/cm²
$f_{m,d}$	Bemessungswert der Biegefestigkeit	kN/cm²
k_m	Beiwert zur Berücksichtigung der Spannungsverteilung	–

Vereinfachter Nachweis

Für eine vereinfachte Berechnung kann der Abminderungsbeiwert k_m für eine der beiden Biegespannungen entfallen und es gilt Formel (070|2-19).

$$\frac{\sigma_{t,0,d}}{f_{t,0,d}} + \frac{\sigma_{m,y,d} + \sigma_{m,z,d}}{f_{m,y,d}} \leq 1$$

(070|2-19)

Biegung – zweiachsig und Druck

070|2|3|1|6

Die Ermittlung der Spannungen erfolgt analog der Einwirkung für zweiachsige Biegung und Zug (070|2|3|1|5). Bei Biegung und Druck ist allfällig der Bemessungswert der Druckfestigkeit unter dem Einfluss der Stabilität (Knicken) herabzusetzen. Diesbezüglich sind nachfolgend unter (070|2-20) die Nachweise für Knicken von Druckstäben zu führen.

$$\left(\frac{\sigma_{c,0,d}}{f_{c,0,d}}\right)^2 + \frac{\sigma_{m,y,d}}{f_{m,y,d}} + k_m \cdot \frac{\sigma_{m,z,d}}{f_{m,z,d}} \leq 1$$

$$\left(\frac{\sigma_{c,0,d}}{f_{c,0,d}}\right)^2 + k_m \cdot \frac{\sigma_{m,y,d}}{f_{m,y,d}} + \frac{\sigma_{m,z,d}}{f_{m,z,d}} \leq 1$$

(070|2-20)

$\sigma_{c,0,d}$	einwirkende Druckspannung in Faserrichtung	kN/cm²
$f_{c,0,d}$	Bemessungswert der Druckfestigkeit in Faserrichtung	kN/cm²

Vereinfachter Nachweis

Für eine vereinfachte Berechnung ohne Berücksichtigung des Abminderungsbeiwertes k_m gilt Formel (070|2-21).

$$\left(\frac{\sigma_{c,0,d}}{f_{c,0,d}}\right)^2 + \frac{\sigma_{m,y,d} + \sigma_{m,z,d}}{f_{m,y,d}} \leq 1$$

(070|2-21)

Druck normal zur Faserrichtung

070|2|3|1|7

Besonders bei Schwellen und Auflagern wird die Annahme einer gleichmäßigen Spannungsverteilung in der Druckkontaktfläche angesetzt. Bei Trägern mit einer Stützweite von mehr als 8 m darf ebenfalls eine gleichmäßige Querdruckspannungsverteilung in Rechnung gestellt werden, wenn die Auflagerverdrehung durch geeignete konstruktive Maßnahmen (z. B. durch Elastomerlager) ermöglicht wird.

Abbildung 070|2-06: Bauteile mit kontinuierlicher Lagerung und Einzellagerung – ÖNORM B 1995-1-1 [33]

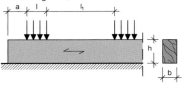 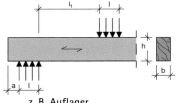

z. B. Schwelle   z. B. Auflager   wirksame Kontaktfläche

$$\sigma_{c,90,d} = \frac{V_{Sd}}{A_{ef}}$$

(070|2-22)

V_{Sd}	Bemessungswert der Druckkraft normal zur Faserrichtung	kN
$\sigma_{c,90,d}$	Bemessungswert der Druckspannung in der wirksamen Kontaktfläche rechtwinklig zur Faserrichtung	kN/cm²
A_{ef}	wirksame Kontaktfläche bei Druckbeanspruchung rechtwinklig zur Faserrichtung	cm²

Die wirksame Kontaktfläche rechtwinklig zur Faserrichtung A_{ef} sollte unter Berücksichtigung einer wirksamen Kontaktlänge parallel zur Faserrichtung bestimmt werden, wobei die tatsächliche Kontaktlänge l auf jeder Seite um 30 mm erhöht wird, jedoch nicht mehr als den Wert von a, l oder l_1/2.

$$k_{c,90} \cdot f_{c,90,d} = \left(f_{c,90,k} \cdot \frac{k_{mod}}{\gamma_M} \right)$$

(070|2-23)

$f_{c,90,d}$	Bemessungswert der Druckfestigkeit normal zur Faserrichtung	kN/cm²

$$\sigma_{t,0,d} \le k_{c,90} \cdot f_{c,90,d} \quad \text{oder} \quad \frac{\frac{V_{sd}}{A_{eff}}}{k_{c,90} \cdot f_{c,90,d}} \le 1$$

(070|2-24)

Beiwert $k_{c,90}$

Der Beiwert $k_{c,90}$ stellt die Berücksichtigung der Art der Einwirkung, wie Spaltenbildung oder den Grad der Druckverformung, dar. Er verstärkt den Festigkeitswert um einen Faktor. Bei keinen Angaben oder um auf der sicheren Seite zu sein, kann $k_{c,90}$ auch mit 1,0 angenommen werden. Mit den Voraussetzungen, dass $l_1 \ge 2 \cdot h$ ist und speziell bei Auflagern noch die Auflagerlänge l ≤400 mm ist, gelten für die $k_{c,90}$-Werte nach Tabelle 070|2-25. Bei Mittelauflagern von Durchlaufträgern oder Trägern mit Auskragungen, die keine randnahe Auflagerung aufweisen und a ≥2·h ist, gilt für Brettschichtholz $k_{c,90}$ = 2,20.

Tabelle 070|2-25: Beiwerte $k_{c,90}$

	Schwelle	Auflager
Vollholz (C)	1,25	1,50
Brettschichtholz (BSH)	1,50	1,75

Druck unter einem Winkel zur Faser 070|2|3|1|8

Bei Beanspruchung schräg zur Faserrichtung ergibt sich aus dem Neigungswinkel und den beiden Bemessungswerten normal und in Faserrichtung der Bemessungswert unter einem Winkel zur Faserrichtung.

$$\sigma_{c,\alpha,d} = \frac{F_{\alpha,d}}{A_\alpha}$$

(070|2-25)

$$f_{c,\alpha,d} = \frac{f_{c,0,d}}{\dfrac{f_{c,0,d}}{k_{c,90} \cdot f_{c,90,d}} \cdot \sin^2 \alpha + \cos^2 \alpha}$$

(070|2-26)

$$\sigma_{c,\alpha,d} \le f_{c,\alpha,d} \quad \text{oder} \quad \frac{\dfrac{F_{\alpha,d}}{A_\alpha}}{f_{c,\alpha,d}} \le 1$$

(070|2-27)

$\sigma_{c,\alpha,d}$	Druckspannungen unter einem Winkel zur Faserrichtung	kN/cm^2
$F_{\alpha,d}$	Bemessungswert der Belastung im Winkel α	kN
A_α	schräge Angriffsfläche der Belastung im Winkel α	cm^2
$f_{c,\alpha,d}$	Bemessungswert der Festigkeit im Winkel α	kN/cm^2
$f_{c,0,d}$	Druckfestigkeit in Richtung der Faser	kN/cm^2
$f_{c,90,d}$	Druckfestigkeit normal zur Faser	kN/cm^2
$k_{c,90}$	Beiwert, der den Einfluss der Spannungen normal zur Faserrichtung berücksichtigt, in der Regel 1,0 (sichere Seite), siehe „Druck normal zur Faserrichtung"	–

Schubbemessung

Bei Schub mit Spannungskomponenten in Faserrichtung sowie Schub mit beiden Spannungskomponenten rechtwinklig zur Faserrichtung muss die Bedingung (070|2-28) erfüllt sein.

$$\tau_d = \frac{V_{sd} \cdot S_y}{I_y \cdot b_{ef}}$$

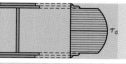

(070|2-28)

$$S_y = A_y \cdot e_z = \frac{h}{2} \cdot b \cdot \frac{h}{4}$$

$$I_y = \frac{b \cdot h^3}{12}$$

$$\tau_d = \frac{V_{sd} \cdot b \cdot h^2 \cdot 12}{8 \cdot b \cdot h^3 \cdot b} = \frac{3 \cdot V_{sd}}{2 \cdot b_{ef} \cdot h}$$

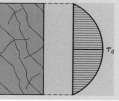

(070|2-29)

$$\tau_d \le f_{v,d} \quad \text{oder} \quad \frac{\tau_d}{f_{v,d}} \le 1$$

(070|2-30)

τ_d	Schubspannung	kN/cm^2
V_{sd}	Bemessungswert der Querkraft an der Stelle x	kN
S_y	statisches Moment um die y-Achse	cm^3
I_y	Trägheitsmoment um die y-Achse	cm^4
$b, (b_{ef})$	Querschnittsbreite in der Schwerachse Anmerkung: Im Holzbau ist die effektive Breite b_{ef} einzusetzen	cm
$f_{v,d}$	Schubfestigkeit	kN/cm^2

Einfluss von Rissen

Für den Nachweis der Beanspruchbarkeit auf Schub von biege-beanspruchten Bauteilen ist der Einfluss von Rissen – die eine Reduktion der Querschnittsbreite und damit die Schubtragfähigkeit bewirken – derart zu berücksichtigen, dass die Bauteilbreite in eine wirksame Breite umgerechnet wird. Diese Umrechnung kann vernachlässigt werden, wenn der Nachweis der Schubfestigkeit unabhängig von den Festigkeitsklassen mit den charakteristischen Werten von

- Vollholz: $f_{v,k} = 0{,}23$ kN/cm²
- Brettschichtholz: $f_{v,k} = 0{,}25$ kN/cm²
durchgeführt wird.

Knicken von Druckstäben

Eine Stütze ist ein tragender schlanker Bauteil, der vorwiegend auf Normalkraft (Druck) beansprucht wird. Knicken ist ein Stabilitätsproblem, bei dem ein dünner oder schmaler Querschnitt seitlich ausweicht, lange bevor er die Normalkraft aus der zulässigen Druckkraft erreicht. Das Ausweichen des Stabes, bei gleicher Lagerung in y- und z-Achse, erfolgt in der Regel normal zur Achse, die das kleinere Flächenmoment vom Querschnitt aufweist. Umso elastischer und schlanker die Stütze ist, desto leichter knickt sie aus. Die Knickgefahr ist somit abhängig von den Eigenschaften des Werkstoffes und der Schlankheit. Die Schlankheit setzt sich aus der Knicklänge und der Größe bzw. Form des Querschnitts zusammen. Diese Problematik wird in der rechnerischen Nachweisführung mit einem Knickbeiwert berücksichtigt, der die jeweilige Festigkeit abmindert.

Schlankheit

Die Schlankheit gibt die Knickempfindlichkeit eines Druckstabes an in Abhängigkeit von Stablänge, Lagerungsart, Querschnittsgröße und Querschnittsform. Sie besteht aus dem Verhältnis der Knicklänge l_k und dem Trägheitsradius i. Umso größer dieses Verhältnis und somit die Schlankheit ist, desto leichter knickt die Stütze aus. Schlankheiten im Holzbau sollten sich zwischen 90 und 120 bewegen, damit der Nachweis gut erfüllt werden kann.

Die Schlankheit beschreibt die Knickempfindlichkeit eines Druckstabes.

$$\lambda = \frac{l_k}{i}$$

(070|2-31)

| l_k | Knicklänge | cm |
| i | Trägheitsradius | cm |

Trägheitsradius i

Je größer der Stabquerschnitt ist, desto größer ist auch seine Steifigkeit, das Maß der Steifigkeit ist der Trägheitsradius i. Er besteht in allgemeiner Form aus dem Trägheitsmoment I und der Gesamtfläche A des Querschnittes. Der Trägheitsradius ist bei gewissen Querschnitten auch achsenabhängig. Bei einer gleichen Lagerung in y- und z-Achse wird immer mit dem kleineren Trägheitsradius gerechnet.

$$i_{y/z} = \sqrt{\frac{I_{y/z}}{A}} \quad \text{Allgemein}$$

$$i_y = 0{,}289 \cdot h \quad \text{Rechtecksquerschnitt}$$

$$i = 0{,}5 \cdot r = 0{,}25 \cdot d \quad \text{Kreisquerschnitt}$$

(070|2-32)

i	Trägheitsradius – Steifigkeit gegen Biegeknicken	cm
$I_{y/z}$	Trägheitsmoment des Querschnittes in y- bzw. z-Achse	cm⁴
A	Querschnittsfläche der Stütze	cm²
b, h	Breite bzw. Höhe eines Rechteckquerschnittes	cm
r, d	Radius bzw. Durchmesser eines Kreisquerschnittes	cm

Knicklänge l_k

Die Länge, über die ein Stab (Stütze) bei Druckbelastung ausknicken kann, wird als Knicklänge l_k bezeichnet. Der ausknickende Stab nimmt die Form einer Sinuskurve an und der Abstand der Wendepunkte definiert die

Knicklänge l_k. Zur Bestimmung der Knicklängen ist die Lagerungsart des Stabes von entscheidender Bedeutung und je nachdem wird die Stützenlänge mit einem Faktor β_k, der durch die Eulerfälle bestimmt ist, abgemindert oder aufmultipliziert.

$$l_k = \beta_k \cdot l$$

(070|2-33)

Tabelle 070|2-26: Knicklängen und Eulerfälle

Eulerfall	Stützenfuß	Stützenkopf	β_k
1	eingespannt	frei	2,0
2	gelenkig	gelenkig	1,0
3	eingespannt	gelenkig	0,7
4	eingespannt	eingespannt	0,5

Knickbeiwert für Einzelstützen

Der Knicknachweis erfolgt im Prinzip wie der Normalspannungsnachweis, jedoch gibt es einen Abminderungsfaktor, der die Festigkeit reduziert, da die Knickbeanspruchung stärker als die Normalkraft ist. Der Knickbeiwert k_c wird nach ÖNORM EN 1995-1-1 [49] errechnet.

$$\lambda_{rel} = \frac{\lambda}{\pi} \cdot \sqrt{\frac{f_{c,0,k}}{E_{0,05}}}$$

(070|2-34)

λ	Schlankheit der Konstruktion	-
λ_{rel}	bezogener Schlankheitsgrad	-
$f_{c,0,k}$	Druckfestigkeit in Faserrichtung	kN/cm²
$E_{0,05}$	5 %-Quantil des Elastizitätsmoduls in Faserrichtung	kN/cm²

Setzt man für die Festigkeit C24 ein, erhält man ein $\lambda_{rel} = \lambda \cdot 0{,}017$ bzw. für die Festigkeit GL 24h ein $\lambda_{rel} = \lambda \cdot 0{,}016$.

$$k = 0{,}5 \cdot (1 + \beta_c \cdot (\lambda_{rel} - 0{,}3) + \lambda_{rel}^2)$$

(070|2-35)

k	k-Beiwert für den Knickbeiwert	-
β_c	Imperfektionsbeiwert für Imperfektionen	-
	Vollholz C: $\quad \beta_c = 0{,}2$	
	Brettschichtholz BSH: $\quad \beta_c = 0{,}1$	

$$k_c = \frac{1}{k + \sqrt{k^2 - \lambda_{rel}}}$$

(070|2-36)

k_c	Knickbeiwert	-

Tabelle 070|2-27: Knickbeiwert $k_{c,y/z}$

$\lambda_{y/z}$	C24	C30	GL 24h	GL 32h
≤15	1,000	1,000	1,000	1,000
20	0,991	0,990	0,997	0,997
25	0,970	0,970	0,987	0,987
30	0,947	0,946	0,976	0,976
35	0,920	0,918	0,963	0,962
40	0,886	0,884	0,946	0,944
45	0,845	0,843	0,924	0,921
50	0,796	0,792	0,893	0,889
55	0,738	0,734	0,851	0,844
60	0,676	0,671	0,795	0,787
65	0,613	0,608	0,730	0,719
70	0,553	0,548	0,661	0,650
75	0,498	0,493	0,595	0,584
80	0,449	0,444	0,535	0,524
85	0,406	0,401	0,481	0,472
90	0,368	0,363	0,435	0,426
95	0,334	0,330	0,394	0,385
100	0,305	0,301	0,358	0,350
105	0,279	0,275	0,326	0,319
110	0,256	0,253	0,299	0,292
115	0,236	0,233	0,275	0,269
120	0,218	0,215	0,253	0,248
125	0,202	0,199	0,234	0,229
130	0,187	0,185	0,217	0,212
135	0,174	0,172	0,202	0,197
140	0,163	0,161	0,188	0,184
145	0,152	0,150	0,175	0,171
150	0,142	0,141	0,164	0,161
155	0,134	0,132	0,154	0,151
160	0,126	0,124	0,145	0,141

Gebrauchstauglichkeitsnachweise

Neben den Kriterien des Spannungsnachweises sind auch zulässige Formänderungen von Tragwerken einzuhalten. Die Ermittlung erfolgt großteils durch Stabwerksprogramme, mit denen die Verformungen mit den vorgegebenen E-Modulen berechnet werden.

Tabelle 070|2-28: zulässige Tragwerksverformungen

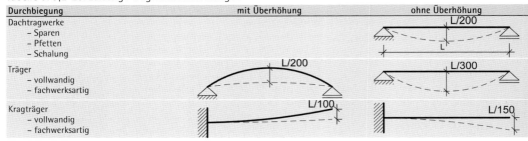

Um die Sicherheit des Tragwerks zu gewährleisten, ist der Gebrauchstauglichkeitsnachweis zu erfüllen. Mit diesem Nachweis sollen Schäden an nicht tragenden Bauteilen, Einbauten und direkt am Bauteil befestigten Infrastrukturleitungen vermieden und die Anforderungen an das Erscheinungsbild und die Benutzbarkeit sichergestellt werden.

Es ist die Durchbiegung zufolge verschiedener Beanspruchungen zu berechnen und je nach Nachweis und Belastungsart zu überlagern.

Tabelle 070|2-29: Grenzwerte der Durchbiegung – ÖNORM B 1995-1-1 [33]

Lagerung bzw. Bauteile	Grenzwerte der Durchbiegungen	
	w_{inst}	$w_{net,fin}$
beidseitig aufgelagerte Biegeträger	1/300	1/250
auskragende Biegeträger	1/150	1/125
Decken, Teile von begehbaren Dächern und ähnlich genutzte Bauteile	1/300	1/250
Bauteile, bei denen die Durchbiegung eine untergeordnete Bedeutung hat	1/200	1/150

l	Trägerlänge	cm
w_c	Überhöhung	cm
w_{inst}	Anfangsdurchbiegung	cm
w_{creep}	Durchbiegung infolge Kriechens	cm
w_{fin}	Enddurchbiegung	cm
$w_{net,fin}$	gesamte Enddurchbiegung (abzüglich Überhöhung)	cm

Schadensvermeidung

070|2|4|1

Die elastische Anfangsdurchbiegung w_{inst} dient dem Nachweis der Sicherstellung der Funktionstüchtigkeit des Bauteils und der Vermeidung von Schäden an nachgeordneten Bauteilen und ist für die charakteristische Kombination der Einwirkungen zu ermitteln.

$$w_{inst} = \sum_{j \geq 1}\left(w_{G,j}\right) + w_{Q,1} + \sum_{i > 1}\left(\psi_{0,i} \cdot w_{Q,i}\right)$$

(070|2-37)

w_{inst}	elastische Anfangsdurchbiegung	cm
$\sum w_{G,j}$	Durchbiegungen zufolge aller ständigen Einwirkungen	cm
$w_{Q,1}$	Durchbiegung zufolge der führenden veränderlichen Einwirkung	cm
$w_{Q,i}$	Durchbiegung zufolge weiterer veränderlicher Einwirkungen	cm
$\psi_{0,i}$	Kombinationsbeiwert einer veränderlichen Einwirkung	–

Erscheinungsbild

070|2|4|2

Die Enddurchbiegung $w_{net,fin}$ berücksichtigt das Erscheinungsbild des betrachteten Bauteils und/oder das Wohlbefinden der Nutzer und ist für die quasiständige Kombination von Einwirkung als Summe der Anteile w_{inst}, w_{creep} (Durchbiegung zur Folge Kriechen) und einer allfälligen spannungslosen Überhöhung w_c zu ermitteln.

$$w_{net,fin} = w_{inst} + w_{creep} - w_c = \left[\sum_{j \geq 1}\left(w_{G,j}\right) + \sum_{i \geq 1}\left(\psi_{2,i} \cdot w_{Q,i}\right)\right] \cdot \left(1 + k_{def}\right) - w_c$$

(070|2-38)

Alle Durchbiegungen zufolge der Nutzlasten (veränderlichen Belastungen) werden mit dem Abminderungsbeiwert ψ_2 multipliziert.

- Kriechanteil: w_{creep}
  Die Langzeitdurchbiegung wird durch den Kriechanteil w_{creep} vergrößert. Diese besteht aus der Durchbiegung aus quasiständigen Lasten und wird noch mit einem Verformungsbeiwert k_{def} multipliziert.

- Überhöhung: w_c
  Bei diesem Nachweis darf eine planmäßige Überhöhung w_c abgezogen werden. Die maximale Überhöhung wäre die Durchbiegung der ständigen Last $\Sigma w_{G,j}$.

Brandbemessung

Im konstruktiven Ingenieurbau ist die Regelung für den Brandnachweis in Richtung einer ausreichenden Tragfähigkeit ausgerichtet worden. Dies kann deshalb erfolgen, da der Abbrand des Holzes an der Oberfläche entsteht und kontrolliert gleichmäßig über die Zeitachse erfolgt. Das bedeutet, die Abbrandgeschwindigkeiten sind gut einschätzbar und der Gesamtverlust des Querschnitts durch den Brandfall ist ermittelbar. Der Grundsatz der Brandbemessung für Bauteile aus Holz ist, dass die kalte Bemessung für den Brandfall mit verminderten Einwirkungen und verminderten Querschnitten fortgesetzt wird und den Festigkeiten des verbleibenden Querschnitts gegenübergestellt wird.

Abbrandberechnung von Holz

Die anfängliche Oberfläche des Bauteils wird vermindert durch die Dicke des Abbrands und der Eckausrundung bei balkenförmigen Bauteilen. Der Abbrand muss auf allen Oberflächen von Holz, die direkt beansprucht sind, angesetzt werden. Die Abbrandrate wird für den eindimensionalen Abbrand und für den ideellen Abbrand angegeben. Der eindimensionale Abbrand wird konstant über die Zeit angenommen und ist anzuwenden, wenn die Mindestbreite des Querschnitts der Gleichung (070|2-39) entspricht.

$$b_{min} = 2 \cdot \beta_n \cdot t + 80 \text{ mm}$$
$$d_{ef} = \beta_0 \cdot t + 7 \text{ mm} \qquad \text{Querschnitte mit } b \geq b_{min}$$
$$d_{ef} = \beta_n \cdot t \qquad \text{Querschnitte mit } b < b_{min}$$

b_{min}	Mindestquerschnittsbreite	mm
d_{ef}	effektive Abbrandtiefe	mm
β_0	eindimensionale Abbrandrate = 0,65	mm/min

(070|2-39)

Wenn die kleinste Breite des Querschnitts kleiner als b_{min} ist, sollte der Bemessungswert der ideellen Abbrandrate verwendet werden. Diese enthält die Effekte der Eckausrundung und ist höher als die eindimensionale Abbrandrate. Für das übliche Bauholz Fichte beträgt die eindimensionale Abbrandrate $\beta_0 = 0,65$ mm/min, die ideelle Abbrandrate $\beta_n = 0,80$ mm/min.

Abbildung 070|2-07: Abbrandtiefen

1 anfängliche Oberfläche des Bauteils
2 Grenze des eindimensionalen Abbrandes
3 Grenze des ideellen Restquerschnittes

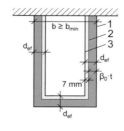

Im Brandfall werden daher der Querschnitt des Trägers und seine dazugehörigen Querschnittswerte kleiner. Die Abbrandtiefe d_{ef} errechnet sich aus der Summe der ideellen Abbrandtiefe und der zeitabhängigen Abbrandrate. Die ideelle Abbrandrate enthält die Effekte der Eckausrundung und der Rissbildung des Holzes im Brandfall. Die Abbrandrate wird konstant und nicht von der Zeit abhängig angesetzt. Für den Nachweis der Tragsicherheit im Brandfall werden die Querschnittswerte für den nicht verbrannten Restquerschnitt $W_{y,fi}$, $I_{y,fi}$ und A_{fi} errechnet.

Tabelle 070|2-30: realer Abbrand für die Branddauer von 30 bis 90 Minuten

	b_{min} [mm]	d_{ef} [mm] b $\geq b_{min}$	d_{ef} [mm] b $< b_{min}$
R 30	128	26,5	24,0
R 60	176	46,0	48,0
R 90	224	65,5	72,0

Einwirkungen im Brandfall

070|2|5|2

Bei der „Kaltbemessung" werden die Einwirkungen E_k mit den Teilsicherheitsbeiwerten (Lasterhöhungsfaktoren) γ multipliziert, damit der Bemessungswert E_d erhalten. Im Brandfall darf diese einwirkende Belastung um einen Faktor η_{fi} verringert werden, da im Brandfall sich auch die Nutzlasten verringern.

$$E_{d,fi} = \eta_{fi} \cdot E_d \qquad \eta_{fi} = \frac{G_k + \psi_{2,1} \cdot Q_{k1}}{\gamma_G \cdot G_k + \gamma_{Q,1} \cdot Q_{k,1}}$$

(070|2-40)

η_{fi}	Abminderungsfaktor Einwirkungen im Brandfall
	Näherung: $\eta_{fi} = 0,60$ und $\eta_{fi} = 0,70$ (Lagerflächen)
E_d	Bemessungseinwirkung „Kaltbemessung"
$E_{d,fi}$	Bemessungseinwirkung „Heißbemessung"

Widerstände im Brandfall

070|2|5|3

Bei der Einwirkung und bei der Festigkeit wird im Brandfall die Sicherheit in der Bemessung verringert, weil für übliche Löschzeiten von 60 bis 120 Minuten eine verringerte Tragsicherheit akzeptiert wird und nach dem Brand die Bauteile als zerstört gelten und erneuert werden müssen. Im Bereich der Widerstände werden daher für den Brandfall die 20 %-Fraktilwerte anstelle der 5 %-Fraktilwerte angewendet. Für die Abbrandbemessung werden zur Umrechnung auf den 20 %-Fraktilwert die Bemessungswerte (der „Kaltbemessung") mit dem Faktor k_{fi} aufmultipliziert. Der Nachweis für den Brandfall gilt dann als erfüllt, wenn die Einwirkungen $E_{d,fi}$ kleiner als der Widerstand $R_{d,fi}$ bzw. die Materialfestigkeiten $f_{d,fi}$ sind.

$$E_{20} = k_{fi} \cdot E_{0,05} \qquad f_{d,fi} = k_{fi} \cdot f_k \cdot \frac{k_{modfi}}{\gamma_M} \qquad k_{modfi} = 1,00$$

(070|2-41)

| $f_{d,fi}$ | Bemessungswert der Festigkeit des Restquerschnitts | kN/cm² |
| f_k | charakteristische Festigkeit des Restquerschnitts | kN/cm² |

Tabelle 070|2-31: Werte für k_{fi}

Material	k_{fi}
Massivholz (C)	1,25
Brettschichtholz (BSH,GL)	1,15
Holzwerkstoffe	1,15
Furnierschichtholz	1,10
auf Abscheren beanspruchte Verbindungen mit Seitenteilen aus Holz oder Holzwerkstoffen	1,15
auf Abscheren beanspruchte Verbindungen mit außenliegenden Stahlblechen	1,05
auf Herausziehen beanspruchte Verbindungsmittel	1,05

Verbindungsmittel

Die Geschichte der Holzverbindungen ist fast so alt wie die Geschichte der Menschheit. Seitdem der Mensch die Höhlen verlassen hat, sucht er nach Schutz und damit nach Möglichkeiten zur Verbindung einzelner Bauelemente. Durch die wissenschaftliche Erforschung des Werkstoffes Holz wurde der Kräfteverlauf zahlreicher alter, aber auch neuerer Verbindungen untersucht. Vor allem bei Letzteren wird geeignetes, meist fremdes Material zur Kraftübertragung eingesetzt. Da die neuen, durch die industrielle Fertigung kostengünstigeren Verbindungsmöglichkeiten auch rasch und schnell herzustellen sind, verdrängten sie die althergebrachten Verbindungen fast völlig und werden sogar zur Sanierung von Bestandskonstruktionen verwendet.

- Seile aus Hanf, Stroh, Bast, Hasel- oder Weidenruten
- Lederriemen
- natürliche Holzverbindungen (Astgabeln, Wurzeln)
- handwerkliche Verbindungen
- Holznägel
- Dollen
- Schmiedenägel
- Drahtstifte
- Holzdübel
- Metalldübel
- Metallbeschläge
- Holzschrauben
- ingenieurmäßige Verbindungen (Stab-, Ring-, Krallendübel, Knotenplatten, Stahlblechformteile, fertige Verbindungssysteme)
- Leim- oder Klebeverbindungen
- bewegliche Holzverbindungen

Viele der angeführten alten Verbindungen werden heute nicht mehr hergestellt oder wurden durch modernere Methoden abgelöst. Dennoch findet man sie immer wieder bei Sanierungen historischer Bausubstanz.

Seile und Riemen

Seile und Riemen dürften die ältesten Verbindungsmittel überhaupt sein. Heute noch verwenden die Zimmerer Ausdrücke wie „Abbinden" oder „Einbinden", was auf diese Art der Verbindung zurückzuführen ist. Der Vorteil lag in der einfachen und meist ohne Bearbeitung der Hölzer möglichen Verbindung, die vor allem bei Bauten vorübergehenden Bestandes zur Anwendung kam.

Seile und Riemen sind die ältesten Verbindungsmittel.

Holznägel

Holznägel wurden schon von den Römern eingesetzt. Sie wurden auch im Mittelalter zum Beispiel für die Lagesicherung von Zapfenverbindungen angewendet, die Dimensionierung erfolgte aufgrund von Erfahrungswerten. Durch die zahlreichen Sanierungen in den letzten Jahren wurden aber auch Untersuchungen über das Tragverhalten von Holznägeln durchgeführt.

Holznägel wurden schon von den Römern zur Lagesicherung von Zapfenverbindungen eingesetzt.

Dollen

Dollen sind sehr ähnlich den Holznägeln. Sie werden aus einem Vierkantrohling durch Abfasen hergestellt und sind ca. 12 bis 13 cm lang. Sie dienen hauptsächlich zur Lagesicherung von Verkämmungen und wurden durch Schraubenbolzenverbindungen abgelöst.

Dollen als Lagesicherungen von Verkämmungen.

Hartholzdübel

Hartholzdübel zählen fast schon zum Ingenieurholzbau, obwohl sie immer von Zimmerern ausgeführt wurden. Sie dienen zur Verdoppelung und Verbindung von Holzquerschnitten und weisen eine rechteckige Form auf. Die Faserrichtung der Dübel muss mit der des zu verbindenden Holzes übereinstimmen. Zusätzlich sind Klemmbolzen zur Lagesicherung vorzusehen.

Hartholzdübel als Schubverbindung von verdübelten Balken.

Nägel

Nägel waren die ersten metallischen Verbindungsmittel. Wurden sie zuerst aus Kupfer und Bronze hergestellt, so setzten die Römer bereits eiserne Nägel ein. Viele Jahrhunderte lang war das Herstellen von geschmiedeten Nägeln eine sehr aufwändige Tätigkeit, weshalb sie auch nur sehr sparsam eingesetzt wurden. Eher trifft man sie noch in kleineren Dimensionen an, also für die Befestigung von Brettern und Pfosten. Die Bemessung erfolgte nach Erfahrungswerten. Mit der Einführung der industriellen Fertigung von Drahtnägeln trat gleichzeitig eine Revolution in der Holzverbindungstechnologie ein.

Nägel sind erst durch die industrielle Fertigung zu einem Verbindungsmittel im Holzbau geworden.

Schrauben, Schraubenbolzen, Stabdübel

Holzschrauben ergeben Verbindungen großer Tragfähigkeit, insbesondere wenn sie auf Herausziehen beansprucht werden. Ihre Verwendung ist jedoch sehr arbeitsintensiv. Stabdübel sind zylindrische Stahlstifte mit üblicherweise glatter Oberfläche, die in vorgebohrte Löcher versetzt werden. Ebenso wie bei den Nagel- und Bolzenverbindungen müssen Mindestabstände zwischen den einzelnen Dübeln eingehalten werden. Die Dimensionierung der Schraubenbolzen erfolgt nach denselben Gesichtspunkten wie die der Stabdübel. Zusätzlich können jedoch Schraubenbolzen auch Kräfte in Bolzenlängsrichtung aufnehmen.

Schraubenbolzen und Stabdübel ergeben Verbindungen großer Tragfähigkeit.

Dübel besonderer Bauart

Im Gegensatz zu normalen Dübeln wird der Einsatz von Dübeln besonderer Bauart über Sonderzulassungen geregelt, wobei auch die zu verrichtenden Arbeiten und Sicherungen sowie Abstände und Vorholzlängen aufgelistet sind. Im Laufe der Jahre ist eine Vielzahl von Arten entstanden, die jedoch oft nur kurzfristig auf dem Markt waren. Grundsätzlich sind zwei verschiedene Gruppen, die Einlass- und die Einpressdübel, zu unterscheiden.

Einlass- und Einpressdübel sind über Sonderzulassungen geregelt.

Hinsichtlich der Wirkungsweise der Verbindungsmittel kann unterschieden werden in:

- lösbare Verbindungen
  - Zimmermannsmäßige Verbindungen: z. B. Versatz, Stoß, Blatt, Kamm
  - Ingenieurmäßige Verbindungen: z. B. Dübel, Schrauben, Nägel, Stabdübel
- unlösbare Verbindungen
  - Verleimte Holzwerkstoffe, Sperrholz
  - Leimverbindungen, Brettschichtholz

Für die zulässige Übertragungskraft einer Verbindung gilt, dass sich die verbundenen Bauteile höchstens um 1,5 mm (Verbindungsmittelschlupf) gegeneinander verschieben dürfen.

Für die planliche Darstellung und die Bezeichnung der einzelnen Verbindungsmittel waren in ÖNORM B 4100-1 [39] für Dübel, Nägel, Schrauben, Nagelplatten bis hin zu Dübeln besonderer Bauart Vorgaben enthalten.

Tabelle 070|3-01: Abkürzungen für Verbindungsmittel – ÖNORM B 4100-1 [39]

Verbindungsmittel	Bauart	Kurzzeichen
Dübel	Dübel besonderer Bauart	D
	Stabdübel	SD
	Gestellschraube	G
	Gewindestange	GW
Schrauben	Schraubenbolzen	M
	Schnellbauschraube	S
	Torbandschraube	T
	Nagel	N
Nägel	Nagel / vorgebohrt	N...vb
	Schraubnagel	SNa
	Rillennagel	RNa
Nagelplatten	Stahlblech – Nagelplatten	NP
Klammern	Klammer aus Stahldraht	K

Tabelle 070|3-02: Verbindungsmittel nach ÖNORM B 4100-1 [39]

Verbindungsmittel	statische Wirkungsweise	Bezeichnung in Konstruktionsplänen	Darstellung in Konstruktionsplänen
Holzschrauben	einschnittig	Anzahl, Kurzbeschreibung, Nenndurchmesser [mm], Länge [mm] – Schraubentyp (B oder C)	2x6 S 8x80-B
Nägel	einschnittig	Anzahl, Kurzbeschreibung, Nageldurchmesser [1/10 mm], Länge [mm], gegebenenfalls vb = vorgebohrt	2x6 Na 76x260, vb
Sondernägel	einschnittig	Anzahl, Kurzbeschreibung, Nageldurchmesser [mm], Länge [mm] – Tragfähigkeitsklasse (I, II, III), gegebenenfalls vb = vorgebohrt	4x16 RNa 4,0x60-II
Klammern	einschnittig	Kurzbeschreibung, Nenndurchmesser [mm], Länge [mm] – Klammerabstand [cm]	Kl 1,5x60 - e = 7,5
Nagelplatten	einschnittig	Anzahl, Kurzbeschreibung, Abmessungen Breite x Länge [mm], Plattentyp	2 NaPl 114x200 (GN 14)
Schraubenbolzen	in der Regel zweischnittig	Anzahl, Gewindekurzzeichen, Nenndurchmesser [mm], Länge [mm] – Schraubengüte	2 M 16x200-4.6
Passbolzen	in der Regel zweischnittig	Anzahl, Kurzbeschreibung, Nenndurchmesser [mm], Länge [mm] – Bolzengüte	2 PB 16x300-4.6
Stabdübel	in der Regel zweischnittig	Anzahl, Kurzbezeichnung, Nenndurchmesser [mm], Länge [mm] – Dübelgüte	2 SD 16x200-4.6
Dübel besonderer Bauart	einschnittig	Anzahl, Kurzbeschreibung, Dübelmaße [mm] – Dübeltyp	2x2 D 65-A

Die gleichzeitige Verwendung verschiedener Verbindungsarten und die Kombination von Verbindungsmitteln unterschiedlicher Art und Größe sollte möglichst vermieden werden. Ein Zusammenwirken einzelner Verbindungen darf nur dann angenommen werden, wenn ihre Nachgiebigkeit (Tabelle 070|3-03) ungefähr gleich groß ist. Jenes Verbindungsmittel, auf das bei Kombination der geringere Lastanteil entfällt, ist für den 1,5-fachen Betrag zu bemessen. Schraubenbolzen- und Leimverbindungen sind immer getrennt zu berechnen und dürfen nicht kombiniert werden.

Tabelle 070|3-03: Rechenwerte für Verschiebungsmodul und Verschiebung von Verbindungsmitteln – ÖNORM B 4100-2 [40]

Verbindungsmittel	Art der Verbindung		Verschiebungsmodul C [N/mm]	Verschiebung v bei F_{zul} [mm]
Einlass- und Einpressdübel	Dübelverbindungen	–	$1{,}0 \cdot F_{zul}$	1,00
Stabdübel und Passbolzen	Verbindungen in Nadelholz, auch mit Bau-Furniersperrholz und Flachpressplatten	–	$1{,}2 \cdot F_{zul}$	0,80
	Verbindungen von Brettschichtholz mit Stahlteilen	–	$1{,}5 \cdot F_{zul}$	0,67
	Verbindungen von Brettschichtholz mit Stahlteilen	Löcher im Stahlteil vorgebohrt	$0{,}75 \cdot F_{zul}$	1,40
Nägel	einschnittige Verbindungen in Nadelholz	Nagellöcher nicht vorgebohrt	$5{,}0 \cdot \dfrac{F_{zul}}{d_n}$	$0{,}20 \cdot d_n$
		Nagellöcher vorgebohrt	$10{,}0 \cdot \dfrac{F_{zul}}{d_n}$	$0{,}10 \cdot d_n$
	mehrschnittige Verbindungen in Nadelholz	Nagellöcher nicht vorgebohrt oder vorgebohrt	$10{,}0 \cdot \dfrac{F_{zul}}{d_n}$	$0{,}10 \cdot d_n$
	ein- und mehrschnittige Verbindungen von Bau-Furniersperrholz mit Nadelholz	–	$5{,}0 \cdot \dfrac{F_{zul}}{d_n}$	$0{,}20 \cdot d_n$
	einschnittige Verbindungen von Flachpress- und Holzfaserplatten mit Nadelholz	–	$6{,}7 \cdot \dfrac{F_{zul}}{d_n}$	$0{,}15 \cdot d_n$
	einschnittige Verbindungen von Stahlteilen mit Nadelholz	Nagellöcher im Holz nicht vorgebohrt	$5{,}0 \cdot \dfrac{F_{zul}}{d_n}$	$0{,}20 \cdot d_n$
		Nagellöcher im Holz vorgebohrt	$10{,}0 \cdot \dfrac{F_{zul}}{d_n}$	$0{,}10 \cdot d_n$
	mehrschnittige Verbindungen von Stahlteilen mit Nadelholz	Nagellöcher im Holz vorgebohrt	$20{,}0 \cdot \dfrac{F_{zul}}{d_n}$	$0{,}05 \cdot d_n$
Klammern	Verbindungen in Nadelholz	Winkel zwischen Holzfaserrichtung und Klammerrücken mind. 30 °	$2{,}5 \cdot \dfrac{F_{zul}}{d_n}$	$0{,}40 \cdot d_n$
		Winkel zwischen Holzfaserrichtung und Klammerrücken unter 30 °	$1{,}4 \cdot \dfrac{F_{zul}}{d_n}$	$0{,}70 \cdot d_n$
	Verbindungen von Holzwerkstoffen mit Nadelholz	–	$6{,}2 \cdot \dfrac{F_{zul}}{d_n}$	$0{,}16 \cdot d_n$
Holzschrauben	einschnittige Verbindungen in Nadelholz	–	$10{,}0 \cdot \dfrac{F_{zul}}{d_s} \leq 1{,}25 \cdot F_{zul}$	$0{,}10 \cdot d_s \leq 0{,}80$
	einschnittige Verbindungen von Holzwerkstoffen mit Nadelholz	–	$10{,}0 \cdot \dfrac{F_{zul}}{d_s} \leq 1{,}25 \cdot F_{zul}$	$0{,}08 \cdot d_s \leq 0{,}80$
	einschnittige Verbindungen von Stahlteilen mit Nadelholz	Löcher im Stahlteil vorgebohrt mit $d_s + 1$ mm	$0{,}7 \cdot F_{zul}$	1,40

Zimmermannsmäßige Verbindungen   070|3|1

Holzverbindungen wurden immer von Zimmerern hergestellt. Entsprechend ihrer Erfahrung und der zur Verfügung stehenden Werkzeuge und Baustoffe wurde eine Vielzahl von Anschlüssen entwickelt. Die oft sehr starke

Schwächung des Holzquerschnittes war in früheren Jahren nicht so maßgeblich wie heute, da die Querschnitte meist überdimensioniert waren. Die meisten handwerklichen Holzverbindungen können auch keine Biegemomente übertragen, da ursprünglich die Stabenden als Gelenke aufgefasst wurden. Sie benötigen in vielen Fällen auch ergänzende Verbindungsmittel zur Lagesicherung und Kraftübertragung.

Stoß

070|3|1|1

Der Stoß stellt die einfachste Art der Holzverbindung dar. Die Hölzer werden dabei einfach stumpf gestoßen und gegen Verschieben gesichert. Verschiedene Ausführungsvarianten ermöglichen bei gleichzeitiger Lagesicherung auch die Aufnahme von geringen Zug- und Querkräften.

Abbildung 070|3-01: Stoßverbindungen

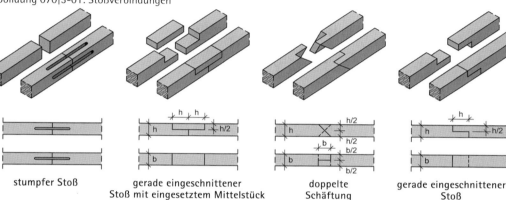

| stumpfer Stoß | gerade eingeschnittener Stoß mit eingesetztem Mittelstück | doppelte Schäftung | gerade eingeschnittener Stoß |

Zapfen

070|3|1|2

Abbildung 070|3-02: Zapfenverbindungen

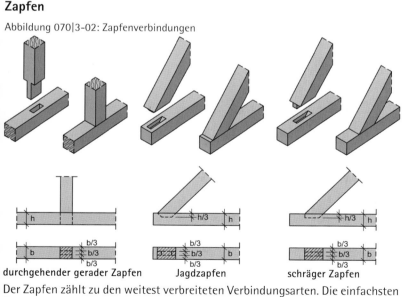

durchgehender gerader Zapfen   Jagdzapfen   schräger Zapfen

Der Zapfen zählt zu den weitest verbreiteten Verbindungsarten. Die einfachsten Formen stellen der Zapfenstoß und der gerade Zapfen dar. Zapfenverbindungen werden für Längs-, Eck-, Quer- und Kreuzverbindungen verwendet. Zur

Lagesicherung der einzelnen Zapfenarten wurden früher hauptsächlich Holznägel verwendet.

Blatt

Das Blatt verdankt seine Entstehung dem Bedürfnis, zwei Hölzer zu kreuzen, die bündig liegen sollen. Entsprechend der Ausbildung der einzelnen Blattformen ist auch die Übertragung von Zugkräften möglich.

Abbildung 070|3-03: Blattverbindungen

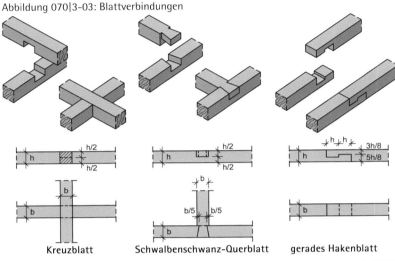

Kreuzblatt   Schwalbenschwanz-Querblatt   gerades Hakenblatt

$$Q_{zul} = \frac{2}{3} \cdot b \cdot h_1 \cdot k_A \cdot \tau_{Q,zul} \qquad F_z = 1{,}3 \cdot Q \cdot \left[3\left(\frac{a}{h}\right)^2 - 2\left(\frac{a}{h}\right)^3 \right]$$

(070|3-01)

Q_{zul}	zulässige Querkraft	kN
b	Breite des Trägers	cm
h_1	Höhe des Querschnitts bei der Ausklinkung	cm
k_A	Abminderungsfaktor wegen gleichzeitiger Schub- und Querzugspannung	–
$\tau_{Q,zul}$	zulässige Schubspannung	kN/cm²
F_z	Zugkraft zur Bemessung der Verstärkungen	kN
a	Ausklinkungshöhe	cm
h	Trägerhöhe	cm

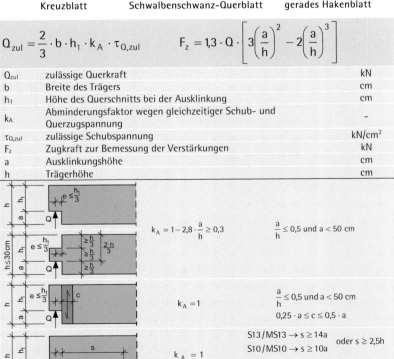

$k_A = 1 - 2{,}8 \cdot \dfrac{a}{h} \geq 0{,}3$ $\dfrac{a}{h} \leq 0{,}5$ und a < 50 cm

$k_A = 1$ $\dfrac{a}{h} \leq 0{,}5$ und a < 50 cm

$0{,}25 \cdot a \leq c \leq 0{,}5 \cdot a$

$k_A = 1$ S13/MS13 → s ≥ 14a   oder s ≥ 2,5h

S10/MS10 → s ≥ 10a

$\dfrac{a}{h} \leq 0{,}5$

Wird ein gerades Blatt als tragende Verbindung eingesetzt, sind die Nachweise bezüglich der Querkraftübertragung (Ausklinkungen) zu führen. Bei rechtwinkelig oder schräg ausgeklinkten Trägerenden und bei Trägern mit Zapfen kann die Berechnung nach Formel (070|3-01) erfolgen, wobei in eine Ausklinkung mit oder ohne Verstärkungen zu unterscheiden ist.

Trägerenden mit oben ausgeklinktem oder abgeschrägtem Trägerrand berechnen sich nach Formel (070|3-02) und müssen dabei für die Größe der Ausklinkung und die Lage der Auflagerkraft noch Zusatzbedingungen erfüllen.

$$Q_{zul} = \frac{2}{3} \cdot b \cdot \left[h - \frac{a}{h_1} \cdot e \right] \cdot \tau_{Q,zul}$$

(070|3-02)

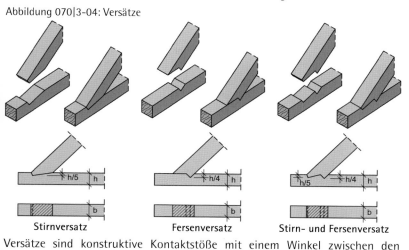

$$h > 30 \text{ cm} \rightarrow \frac{a}{h} \leq 0{,}5 \qquad h \leq 30 \text{ cm} \rightarrow \frac{a}{h} \leq 0{,}7$$

Versatz

Der Versatz ist die einzige Verbindungsart, die ingenieurmäßig berechnet wird. Ein Versatz kann prinzipiell nur Druckkräfte übertragen. Gegen seitliche Verschiebungen muss er durch Bolzen oder Klammern gesichert werden.

Abbildung 070|3-04: Versätze

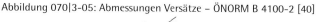

| Stirnversatz | Fersenversatz | Stirn- und Fersenversatz |

Versätze sind konstruktive Kontaktstöße mit einem Winkel zwischen den gestoßenen Hölzern. Daher werden beim Nachweis von Versätzen die drei zulässigen Spannungen $f_{c,\,a/2,\,d}$, $f_{v,\,a,\,d}$ und $f_{v,d}$ maßgebend.

Abbildung 070|3-05: Abmessungen Versätze – ÖNORM B 4100-2 [40]

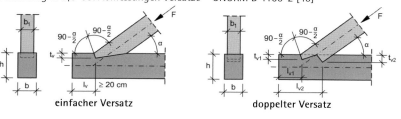

einfacher Versatz doppelter Versatz

- Die Reibung in den Versatzflächen darf nicht in Rechnung gestellt werden.
- Die Vorholzlänge l_v ist so zu bemessen, dass die Scherspannungen $\tau_{a,zul}$ eingehalten werden.
- Die Tiefen der Einschnitte t_{v1} und t_{v2} müssen so groß sein, dass bei Annahmen einer gleichmäßigen Druckverteilung die Pressungen im einge-schnittenen Holz die zulässigen Werte schräg zur Faserrichtung $\sigma_{D\alpha,zul}$ nicht überschreiten. Bei einem doppelten Versatz gilt $t_{v2}-t_{v1} \geq 1{,}5$ cm.
- Die maximale Einschnitttiefe t_{v1} und t_{v2} ist bei Anschlusswinkel $\alpha \leq 50\,°$ mit h/4 und bei $\alpha \geq 60\,°$ mit h/6 begrenzt. Zwischenwerte sind linear zu interpolieren.

Für den Stirn- oder Fersenversatz als einfachen Versatz ergeben sich die erforderliche Werte der Vorholzlänge l_v und der Einschnitttiefe t_v über die Einhaltung der zulässigen Schubspannung und der zulässigen Pressungen.

$$t_v \leq \begin{cases} \dfrac{h}{4} & \text{für} \quad \alpha \leq 50° \\[2ex] \dfrac{h}{6} & \text{für} \quad \alpha \leq 60° \end{cases}$$

(070|3-03)

t_v	Einschnitttiefe	cm
α	Anschlusswinkel	°
h	Höhe des eingeschnittenen Holzes	cm

Einfacher Stirnversatz

$$t_v = \frac{N \cdot \left(\cos \alpha/2\right)^2}{b \cdot f_{c,\alpha/2,d}}$$

$$l_v = \frac{N \cdot \cos \alpha}{b \cdot f_{v,d}}$$

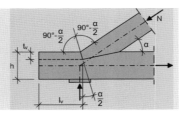

(070|3-04)

Rückversatz bzw. gerader Fersenversatz

$$t_v = \frac{N \cdot \cos \alpha}{b \cdot f_{v,\alpha,d}}$$

$$l_v = \frac{N \cdot \cos \alpha}{b \cdot f_{v,d}}$$

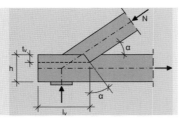

(070|3-05)

Doppelter Versatz / Stirn-Fersen-Versatz

$$t_{v,2} - t_{v,1} \geq 1{,}5 \text{ cm}$$

$$l_v = \frac{N \cdot \cos \alpha}{b \cdot f_{v,d}}$$

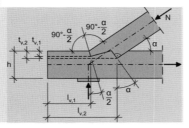

(070|3-06)

Beim doppelten Versatz gelten die Bedingungen nach dem einseitigen Versatz für die Einschnitttiefe $t_{v,2}$.

Damit sich die Scherebenen bei doppelten Versätzen nicht überlagern, ist der Rückversatz tiefer einzuschneiden. Für den Nachweis der Vorholzlängen wird der Fersenversatz (Rückversatz) immer auf die volle Horizontalkraft bemessen.

Kamm

070|3|1|5

Kämme sind ähnlich wie die Blätter. Sie unterscheiden sich jedoch von diesen in einem wesentlichen Punkt: Die Hölzer liegen bei Kämmen nie bündig, wodurch sie auch nicht zur Übertragung von Zugkräften herangezogen werden (Versatzmoment).

Abbildung 070|3-06: Kammverbindungen

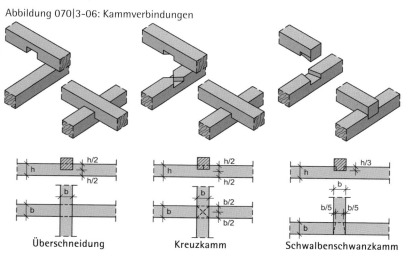

Überschneidung　　　　　Kreuzkamm　　　　Schwalbenschwanzkamm

Klauen

070|3|1|6

Abbildung 070|3-07: Klauenverbindungen

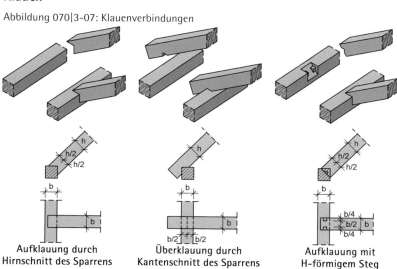

Aufklauung durch　　　　Überklauung durch　　　　Aufklauung mit
Hirnschnitt des Sparrens　　Kantenschnitt des Sparrens　　H-förmigem Steg

Die Klaue ist eine Verbindung, bei der ein Holz mittels eines Einschnittes gespreizt wird. Klauen kommen stets dann zur Verwendung, wenn es darum geht, schräge Hölzer mit waagrecht liegenden zu verbinden. Zur Übertragung kommen hauptsächlich nur Druckkräfte, die Lagesicherung erfolgt durch Bolzen oder Klammern.

Hals

Die einfachste und wohl ursprünglichste Art einer Halsverbindung ist die Astgabel, in die ein Querast eingelegt wird. Hälse übertragen nur Druckkräfte und sichern dabei die querenden Hölzer gegen Kippen („Gabellager").

Abbildung 070|3-08: Halsverbindungen

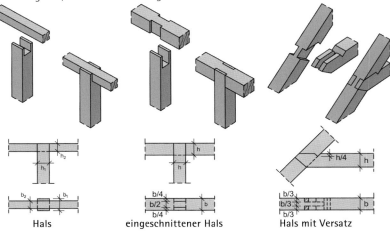

Hals   eingeschnittener Hals   Hals mit Versatz

Hartholzdübel

Hartholzdübel sind „Einlassdübel einfacher Form" und dienen zur Schubkraftübertragung in verdübelten Balkenquerschnitten. Ihre Situierung kann entweder parallel zur Balkenfuge oder aber auch schräg dazu erfolgen. Bei einer geneigten Ausführung ist besonders auf die Neigungsrichtung – entsprechend der erforderlichen Schubkraftübertragung meist vom oberen auf den unteren Balken – zu achten.

Abbildung 070|3-09: verdübelter Balken – Hartholzdübel

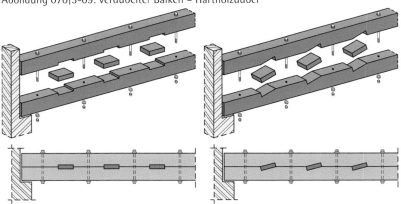

Für die rechteckigen Dübel muss stets ausreichend trockenes Hartholz verwendet werden. Rechteckige Dübel aus Hartholz (oder aus Stahl) müssen in jedem Fall scharfkantig sein und auch auf Passung in scharfkantige

Ausklinkungen der zu verbindenden Kanthölzer eingebaut werden. Die rechteckigen Hartholzdübel müssen aufgrund des geringen Schwindens und Quellens in Faserrichtung immer so in die Ausklinkungen eingebaut werden, dass ihre Faserrichtung und die der verbindenden Kanthölzer gleichgerichtet sind. Die Klemmbolzen werden zur Aufnahme des Kippmomentes benötigt. Dementsprechend sind Kopf und Mutter der Klemmbolzen zusätzlich mit Unterlagsscheiben aus Stahl einzubauen.

Für die statische Berechnung eines verdübelten Balkens ist die aus der Querkraft resultierende Schubkraft in der Koppelfuge möglichst gleichmäßig auf die einzelnen Dübel aufzuteilen, woraus im Auflagerbereich geringere Dübelabstände resultieren. Die jeweilige Dübellänge a und der lichte Dübelabstand sind so zu wählen, dass die zulässigen Scherspannungen im Dübel und auch im Balken nicht überschritten werden. Für die Einschnitttiefe t gilt, dass die zulässigen Druckspannungen in Faserrichtung einzuhalten sind. Bei Hartholzdübeln (z. B. Eiche, Buche) ist die Dübellänge mit mindestens der 5-fachen Einschnitttiefe t auszuführen. Alternativ zu Dübeln aus Hartholz ist nach ÖNORM B 4100-2 [40] auch die Verwendung gerader Stahldübel aus T-förmigem Profilstahl möglich.

Abbildung 070|3-10: Einlassdübel einfacher Form – ÖNORM B 4100-2 [40]

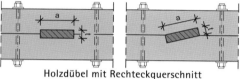 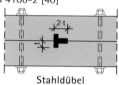

Holzdübel mit Rechteckquerschnitt   Stahldübel

Metallische Verbindungen

Metalle zur Verbindung von Hölzern waren bei historischen zimmermanns-mäßigen Dachkonstruktionen eher die Ausnahme und auf einige wenige Verbindungen beschränkt. In der modernen Verbindungstechnik sind sie unentbehrlich geworden und stellen vielfach den einzigen Übergang zwischen zwei Holzbauteilen dar. Die grundlegenden Begriffe und Definitionen betreffen alle metallischen Verbindungsmittel. Die charakteristischen Tragfähigkeiten sind jeweils auf eine Scherfuge anzuwenden.

Abbildung 070|3-11: Verbindungsmittelarten

  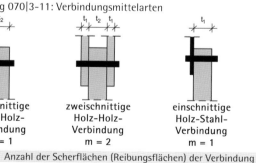 

| einschnittige Holz-Holz-Verbindung m = 1 | zweischnittige Holz-Holz-Verbindung m = 2 | einschnittige Holz-Stahl-Verbindung m = 1 | zweischnittige Holz-Stahl-Verbindung m = 2 |

m   Anzahl der Scherflächen (Reibungsflächen) der Verbindung   –

einschnittige Verbindungsmittel:
– Nägel
– Holzschrauben
– Dübel besonderer Bauart

zweischnittige Verbindungsmittel:
– Stabdübel
– selbstbohrende Stabdübel
– Schraubenbolzen

Scherfuge

Die Scherfuge entsteht bei einer Kontaktfläche zweier Materialien, die miteinander verbunden werden sollen. An dieser Stelle besteht die Gefahr des Abscherens des Verbindungsmittels, da hier die Kraftübertragung durch dieses stattfindet und es zu Reibungskräften kommt.

Verbindungsarten

Das Tragverhalten der stiftförmigen Verbindungsmittel ist von Schnittigkeit (Anzahl der Scherfugen) und den zu verbindenden Materialien (Holz-Holz, Holz-Stahl) abhängig.

Abstandsregeln

Beim Einbau der stiftförmigen Verbindungsmittel ohne vorzubohren werden Holzfasern verdrängt. Dabei entsteht eine Querzugspannung, die eine Aufspaltung des Holzes zur Folge haben kann. Aus diesem Grund sind Mindestabstände einzuhalten.

Abbildung 070|3-12: Mindestabstände bei stiftförmigen Verbindungsmitteln

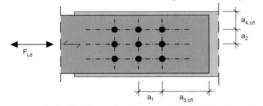

a_1	Abstand der Verbindungsmittel untereinander in Faserrichtung
a_2	Abstand der Verbindungsmittel untereinander normal zur Faserrichtung
	Abstand der Verbindungsmittel zum Hirnholzende (in Faserrichtung)
$a_{3,c/t}$ $\quad a_{3,t}$	Rand auf Zug beansprucht (Aufreißen)
$a_{3,c}$	Rand auf Druck beansprucht
	Abstand der Verbindungsmittel zum Holzrand (normal zur Faserrichtung)
$a_{4,c/t}$ $\quad a_{4,t}$	Rand auf Zug beansprucht (Aufreißen)
$a_{4,c}$	Rand auf Druck beansprucht

Tabelle 070|3-04: Mindestabstände stiftförmiger Verbindungsmittel

Mindestabstände	glatte Nägel (ohne Vorbohrung)		Ring- und Scheibendübel		Schraubenbolzen		Stabdübel und Passbolzen	
	$\alpha = 0°$	$\alpha = 90°$	$\alpha = 0°$	$\alpha = 90°$	$\alpha = 0°$	$\alpha = 90°$	$\alpha = 0°$	$\alpha = 90°$
a_1 in Faserrichtung	d <5 mm: 10·d d ≥5 mm: 12·d	5·d	2·d_c	1,2·d_c	5·d	4·d	5·d	3·d
a_2 rechtwinkelig zur Faserrichtung	5·d		1,2·d_c		4·d		3·d	
$a_{3,t}$ zum beanspruchten Hirnholzende in Faserrichtung	15·d	10·d	2·d_c		max. (7·d, 80 mm)		max. (7·d, 80 mm)	
$a_{3,c}$ zum unbeanspruchten Hirnholzende in Faserrichtung	10·d		0,4·d_c	2·d_c	4·d	7·d	3·d	max. (7·d, 80 mm)
$a_{4,t}$ zum beanspruchten Holzrand normal Faserrichtung	5·d	d <5 mm: 7·d d ≥5 mm: 10·d	0,6·d_c	0,8·d_c	3·d	4·d	3·d	4·d
$a_{4,c}$ zum unbeanspruchten Holzrand normal Faserrichtung	5·d		0,6·d_c		3·d		3·d	

Die Mindestabstände stiftförmiger Verbindungsmittel sind abhängig von Faser- und Belastungsrichtung.

Effektive Anzahl

Bei mehreren in Faserrichtung hintereinander liegenden Verbindungsmitteln besteht die Gefahr des Aufspaltens im Holz und führt dazu, dass die volle Tragfähigkeit des Verbindungsmittels nicht vollständig ausgenutzt werden kann. Aus diesem Grund wird die tatsächliche Anzahl der Verbindungsmittel zu einer effektiven Anzahl abgemindert.

$$n_{ef} = n_n \cdot n_{h,ef}$$

$$n_{h,ef} = n_h^{0,9} \cdot \sqrt[4]{\frac{\alpha_1}{13 \cdot d}} \leq n_h$$

(070|3-07)

n_{ef}	effektive Gesamtanzahl der Verbindungsmittel	–
n_n	Anzahl der in Faserrichtung nebeneinanderliegenden Verbindungsmittel	–
$n_{h,ef}$	effektive Anzahl der in Faserrichtung hintereinanderliegenden Verbindungsmittel unter Berücksichtigung der Spaltgefahr	–

Tabelle 070|3-05: effektive Anzahl von stiftförmigen Verbindungsmitteln

	>n >	1	2	3	4	5	6
$a_1 = 10 \cdot d$	10	94 %	87 %	84 %	82 %	80 %	78 %
$a_1 = 9 \cdot d$	9	91 %	85 %	82 %	79 %	78 %	76 %
$a_1 = 8 \cdot d$	8	89 %	83 %	79 %	77 %	75 %	74 %
$a_1 = 7 \cdot d$	7	86 %	80 %	77 %	75 %	73 %	72 %
$a_1 = 6 \cdot d$	6	82 %	77 %	74 %	72 %	70 %	69 %
$a_1 = 5 \cdot d$	5	79 %	73 %	71 %	69 %	67 %	66 %
		1	2	3	4	5	6
$n^{0,9}$ (für Nägel)		1,00	1,87	2,69	3,48	4,26	5,02
		100 %	93 %	90 %	87 %	85 %	84 %

Zwischenwerte können linear interpoliert werden.

Einsatz von Vollgewindeschrauben

Mit einer Anordnung einer Querzugbewehrung, mittels seitlich eingedrehter Vollgewindeschrauben, können Spaltkräfte aufgenommen werden und es ist damit die tatsächliche Gesamtanzahl der Verbindungsmittel ansetzbar ($n_{ef} = n$).

Nachweisführung

Um die Tragfähigkeit einer Verbindung nachzuweisen, muss die Formel (070|3-08) eingehalten werden.

$$E_d \leq R_d$$

$$R_d = m \cdot n_{eff} \cdot F_{v,Rd,1}$$

$$F_{v,Rd,1} = F_{v,Rk,1} \cdot k_{mod} / \gamma_M$$

(070|3-08)

E_d	Bemessungswert der Einwirkung	z. B. kN
R_d	Bemessungswiderstand des Bauteils	z. B. kN
m	Anzahl der Scherflächen (Reibungsflächen) der Verbindung	
n_{ef}	effektive Gesamtanzahl der Verbindungsmittel	–
$F_{v,Rd,1}$	Bemessungswert eines Verbindungsmittels	z. B. kN

Nägel

070|3|2|1

Nagelverbindungen mit mindestens vier Nägeln werden zur Kraftübertragung bestimmter Verbindungen in ein- oder zweischnittigen Anschlüssen eingesetzt. Normale Nägel sind glattschaftig und müssen eine Mindestzugfestigkeit des Nageldrahtes von 600 N/mm² aufweisen. Die Verwendung von weniger als vier

Nägeln pro Verbindung ist gemäß ÖNORM B 4100-2 [40] nur zulässig für die Befestigung von Schalungen, Latten und Windrispen sowie für die Verbindung von Sparren und Pfetten auf Bindern, Rahmen und Querriegeln.

Bezeichnung Nägel: Naa×bb mit   aa = Nageldurchmesser d_n in [0,1mm]

(z. B.: N31×70)   bb = Nagellänge t_n in [mm]

Die zulässige Übertragungskraft $N_{1,zul}$ eines Nagels rechtwinkelig zur Nagelachse errechnet sich bei Nadelholz unabhängig von der Güteklasse und vom Faserverlauf des Holzes pro Scherfläche.

$$N_{1,zul} = \frac{500 \cdot d_n^2}{10 + d_n}$$

(070|3-09)

$N_{1,zul}$	zul. Übertragungskraft pro Nagel und Scherfläche	N
d_n	Nageldurchmesser	mm

Zur Berücksichtigung der Spaltgefahr des Holzes hat dieses eine Mindestdicke a_{min} aufzuweisen und die Nägel sind in Mindestabständen zu versetzen. Bei vorgebohrten Nagellöchern können gemäß ÖNORM B 4100-2 [40] unter Einhaltung bestimmter Bedingungen auch geringere Mindestdicken ausgeführt werden.

$$a_{min} = d_n \cdot (3 + 0,8 \cdot d_n) \geq 24\,mm$$

(070|3-10)

a_{min}	Mindestdicke Holz	mm
d_n	Nageldurchmesser	mm

Tabelle 070|3-06: Nagelabstände nach ÖNORM B 4100-2 [40]

		Mindestnagelabstände parallel zur Kraftrichtung	
		nicht vorgebohrt [1]	vorgebohrt
untereinander	// zur Faserrichtung	$10 \cdot d_n$; $12 \cdot d_n$ [2]	$5 \cdot d_n$
	⊥ zur Faserrichtung	$5 \cdot d_n$	$5 \cdot d_n$
vom beanspruchten Rand	// zur Faserrichtung	$15 \cdot d_n$	$10 \cdot d_n$
	⊥ zur Faserrichtung	$7 \cdot d_n$; $10 \cdot d_n$ [2]	$5 \cdot d_n$
vom unbeanspruchten Rand	// zur Faserrichtung	$7 \cdot d_n$; $10 \cdot d_n$ [2]	$5 \cdot d_n$
	⊥ zur Faserrichtung	$5 \cdot d_n$	$5 \cdot d_n$

1) bei Douglasie ist bei $d_n \geq 3,1$ mm immer eine Vorbohrung erforderlich
2) bei $d_n \geq 4,2$ mm

Abbildung 070|3-13: Mindestnagelabstände bei nicht vorgebohrten Nagelungen – ÖNORM B 4100-2 [40]

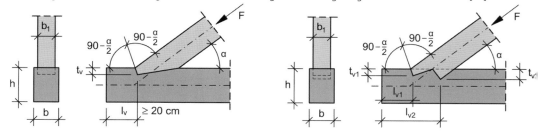

Zur Erreichung der zulässigen Übertragungskräfte normal zur Nagelachse sind auch Mindesteinschlagtiefen s einzuhalten. Bei einschnittigen Verbindungen gilt beispielsweise $s \geq 12 \cdot d_n$, wobei für Einschlagtiefen zwischen $6 \cdot d_n$ und $12 \cdot d_n$ die zulässige Übertragungskraft im Verhältnis zur Solltiefe abzumindern ist.

Unter Berücksichtigung der Nagelabstände, der Mindestholzdicken, der Mindesteinschlagtiefen und der Art der Vernagelung (vorgebohrt, nicht vorgebohrt) können der Tabelle 070.3-05 die zulässigen Übertragungskräfte je Nagel und Scherfläche für runde Drahtstifte entnommen werden.

Abbildung 070|3-14: Nagelabstände bei übergreifenden Nägeln – ÖNORM B 4100-2 [40]

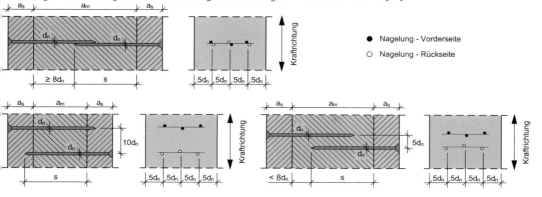

Tabelle 070|3-07: Bemessungstabelle für glatte Nägel – Holzgüte C24, ρ_k = 350 kg/m³, $f_{u,k}$ = 600 N/mm²

Nagelmaße	nicht vorgebohrt			vorgebohrt		
d × l	Mindestholz-dicke	Mindest-einschlagtiefe	$F_{v,Rk,1}$	Mindestholz-dicke	Mindest-einschlagtiefe	$F_{v,Rk,1}$
1/10 mm × mm	mm	mm	N	mm	mm	N
18 × 35	18	27	307	16	24	334
20 × 40	20	30	367	18	27	403
20 × 45						
22 × 45	22	33	429	20	30	478
22 × 50						
25 × 55	24	36	530	23	35	601
25 × 60						
28 × 65	28	42	639	25	38	735
31 × 65	30	45	756	28	42	882
31 × 70						
31 × 80						
34 × 80	32	48	881	31	47	1040
34 × 90						
38 × 100	35	53	1058	34	51	1268
42 × 100	40	60	1248	38	57	1515
42 × 110						
42 × 120						
46 × 130	42	63	1450	41	62	1780
55 × 140	50	75	1947	50	75	2444
55 × 160						
60 × 180	55	83	2248	54	81	2851
70 × 210	ab ⌀ 6 mm ist vorzubohren			63	94	3743
76 × 230				68	102	4326
76 × 260						

Sondernägel, Kammnägel, Rillennagel

Die profilierten Nägel haben gegenüber den Glattschaftnägeln den Vorteil, dass sie zusätzlich auf Zug in Achsrichtung beansprucht werden dürfen. Die Hersteller haben in ihren Produktkatalogen genaue Angaben über die Form, Länge und erlaubten Übertragungskräfte. Näherungsweise können die Formeln aus der ÖNORM EN 1995-1-1 angewendet werden.

Abbildung 070|3-15: Sondernägel – Schraubnägel, Rillennägel [40]

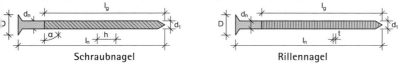

Für Verbindungen mit Stahlblechformteilen, wie Balkenschuhe etc., werden häufig Kammnagelverbindungen verwendet. Auch hier sei der Verweis auf die Zulassungen und Produktblätter der Hersteller erlaubt.

Tabelle 070|3-08: Querschnittsformen – Kammnägel

Nagelgröße $d_n \cdot l_n$ [mm · mm]	Nagelgröße $d_n \cdot l_n$ [mm · mm]
2,5 · 35	4,0 · 40 [1)]
2,8 · 60	4,0 · 50 [1)]
3,1 · 22	4,0 · 60 [1)]
3,1 · 40	4,0 · 75 [1)]
3,1 · 60	4,0 · 100 [1)]
3,4 · 60	6,0 · 60 [1)]
3,4 · 60	6,0 · 80 [1)]
4,0 · 35	6,0 · 100 [1)]

1) Kammnägel mit Einstufungsschein

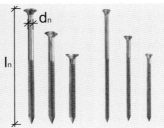

Tabelle 070|3-09: zulässige Belastungen – Kammnägel

Nagelgröße d_n x L_n [mm · mm]	Abscheren $_{zul}N_1$ [kN]	Herausziehen $_{zul}N_z$ [kN]
4,0 · 40	0,71	0,38
4,0 · 50	0,71	0,51
4,0 · 60	0,71	0,64
4,0 · 75	0,71	0,77
4,0 · 100	0,71	0,96
6,0 · 60	1,41	0,96
6,0 · 80	1,41	1,34
6,0 · 100	1,41	1,54

Abbildung 070|3-16: Stahlblechformteile für Kammnagelverbindungen [57]

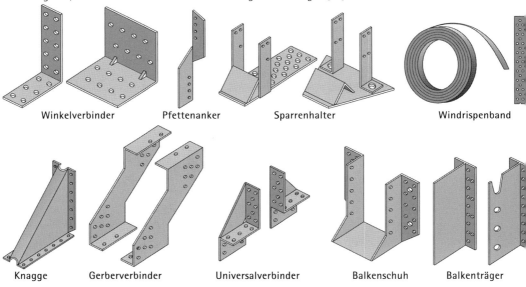

Winkelverbinder   Pfettenanker   Sparrenhalter   Windrispenband

Knagge   Gerberverbinder   Universalverbinder   Balkenschuh   Balkenträger

Stabdübel, Schraub- und Passbolzen

070|3|2|2

Bei der Verbindung von Hölzern größerer Dimension kommen Schraubenbolzen oder Stabdübel- bzw. Passbolzenverbindungen zur Anwendung. Stabdübel sind glatte und zylindrische Verbindungsmittel aus Stahl mit einer Mindestgüte von S 235 und einem Durchmesser zwischen 8 und 30 mm.

Passbolzen sind ebenfalls Stabdübel, allerdings mit Mutter und Kopf oder mit Mutter und Mutter. Die Bohrlöcher für Passbolzen sind genauso auszuführen wie bei Stabdübeln. Die Tragfähigkeit von Stabdübel- und Passbolzen- verbindungen errechnet sich gleich wie für Schraubenbolzen.

Abbildung 070|3-17: Stabdübel – Passbolzen

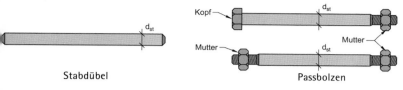

Stabdübel

Passbolzen

Abbildung 070|3-18: Schraubenbolzen

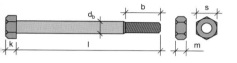

d_b Schaftdurchmesser
b Gewindelänge
k Kopfdicke
l Schraubenbolzenlänge
s Schlüsselweite
m Mutterdicke

Stabdübel

Ist ein zylindrischer Stab, dessen Enden gefasst sind. Er ist 1 cm länger als die Verbindung und hat somit keine richtige Sicherung. In Achsenrichtung kann er keine Kräfte aufnehmen. Für tragende Verbindungen werden heute mehr als zuvor glatte, zylindrische Stahlstifte eingesetzt, die man nach DIN 1052 [25] Stabdübel nennt.

Stabdübel sind zylindrische Stäbe, deren Enden gefasst sind. Sie sind 1 cm länger als die Verbindung.

Schraubenbolzen

Der Schraubenbolzen ist eine leistungsfähige, vorwiegend zweischnittige Verbindung im Holzbau. Das Bohrloch wird um 1 mm größer als der Nenndurchmesser durchgeführt. Bolzen sind in ihrer Bauart mit Kopf und Mutter versehen. Zu den Bolzen gehören Schraubenbolzen und Bolzen ähnlicher Bauart. Tragende Bolzenverbindungen dürfen nur mit Bolzendurchmessern von mindestens 12 mm und höchstens 30 mm ausgeführt werden.

Tragende Bolzenverbindungen dürfen nur mit Bolzendurchmessern von mindestens 12 mm ausgeführt werden.

Tabelle 070|3-10: Unterlagsscheiben für Schraubenbolzen – ÖNORM B 4100-2

Schraubenbolzen	Unterlagsscheiben	
	quadratisch [mm]	rund [mm]
M 12	50 · 6	58 · 6
M 16	60 · 6	68 · 6
M 20	70 · 8	80 · 8
M 24	95 · 8	105 · 8

Passbolzen

Der Passbolzen ist eine Kombination von Schraubenbolzen und Stabdübeln. Sie sind auch Stabdübel, allerdings mit Mutter und Kopf oder mit Mutter und Mutter. Die Bohrlöcher für Passbolzen sind genauso auszuführen wie bei Stabdübeln. In einer Verbindung mit z. B. 10 Stabdübeln kann es sinnvoll sein, 1 bis 2 Stück als Passbolzen auszuführen. Dadurch wird die Klemmwirkung oder der Zusammenhalt der Verbindung erreicht.

Passbolzen sind eine Kombination von Schraubenbolzen und Stabdübeln.

Für die Verbindung mit Stabdübeln gibt es auch selbst bohrende Systeme auf dem Markt, die sich im Holz und darin eingeschlitzten Stahlplatten in einem Arbeitsgang versetzen lassen. Die Stabdübel haben dabei bevorzugt einen Durchmesser von 5 oder 7 mm bei einer Blechdicke von 5 mm.

Abbildung 070|3-19: Bohrlöcher Stabdübel – Knotenbeispiel

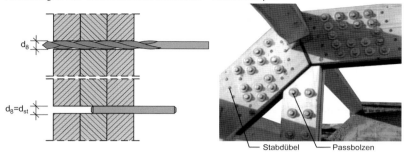

Abbildung 070|3-20: Stabdübelverbindungen mit eingeschlitzten Blechen [56]

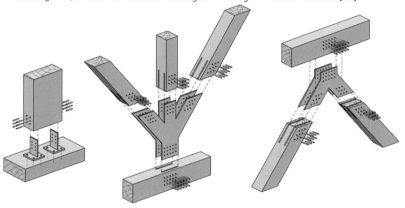

Holzschrauben

Werden in einer Verbindung auch Ausziehkräfte wirksam, sind Schrauben oder Kammnägel einsetzbar.

- SPAX-Schrauben d = 3 bis 8 mm / Länge 15 bis 100 mm, Durchmesser bis 5 mm ohne Vorbohren montierbar, Gewinde fräst sich selbstständig in das Holz.
- Holzschrauben d = 8 bis 20 mm / Länge bis zu 300 mm, Vorbohren mit 70 % des Nenndurchmessers.

Tabelle 070|3-11: charakteristische Werte $F_{v,Rk,1}$ infolge Abscherens (Holz-Holz) – SPAX

Festigkeitsklassen		p_k [kg/m³]	Nenn-Ø d1 [mm]						
			4,0	4,5	5,0	6,0	8,0	10,0	12,0
C 16		310	613	734	877	1187	2088	2765	3728
C 24	GL 24c	350	651	780	932	1261	2218	2938	3961
C 30	GL 24h, GL 28c	380	679	813	971	1314	2312	3061	4127
C 35		400	696	834	996	1348	2372	3141	4234
	GL 28h, GL 32c	410	705	844	1008	1365	2401	3180	4287
C 40		420	713	855	1020	1381	2430	3218	4339
	GL 32h, GL 36c	430	722	865	1033	1397	2459	3256	4390
	GL 36h	450	738	885	1056	1430	2516	3331	4491
	Kerto	480	763	914	1091	1476	2598	3440	4638

SPAX-Schrauben unterscheiden sich von klassischen Holzschrauben durch ein anderes Verhältnis vom Außen- zum Kerndurchmesser, das heißt der Kerndurchmesser ist hier im Verhältnis kleiner. Damit wird einerseits der Einschraubwiderstand verringert und andererseits die Gewindeüberdeckung von Werkstoff zu Schraube vergrößert. Die Firma SPAX bietet zur Bemessung von SPAX-Schrauben Bemessungstabellen an, die die Nachweisführung erleichtern.

Etwaige Hersteller bieten umfangreiche Produktkataloge, in denen die Anwendungsmöglichkeiten sowie die dazugehörigen Übertragungskräfte in Quer- und Längsrichtung der Schraube angegeben sind, an.

Ringdübel

070|3|2|4

Dübel besonderer Bauart werden zur Übertragung von Scherkräften in die tragenden Hölzer eingesetzt oder eingepresst. Einseitige Ringkeildübel, hergestellt aus Stahlguss, finden für Holz/Flachstahl/Verbindungen Verwendung. Die Bemessung der Dübelverbindungen erfolgt nach Tabellen der ÖNORM B 4100-2 [40].

Abbildung 070|3-21: Ringdübelarten – ÖNORM B 4100-2 [40]

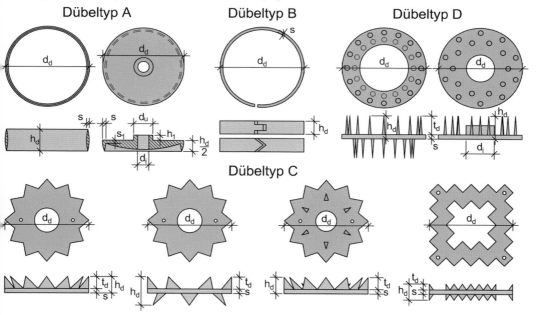

Dübeltyp A: Ringkeildübel

Ringkeildübel sind Sonderdübel aus einer Leichtmetallgusslegierung, ausgeführt als einseitige oder zweiseitige Dübel. Einseitige Einlassdübel sind unter definierten Bedingungen für die Verbindung von Holz mit Stahlbauteilen zulässig.

Dübeltyp B: offener Ringdübel

Offene Ringdübel, hergestellt aus Leichtmetall, müssen in ausgefräste Ringnuten eingesetzt werden. Die angegebenen Übertragungskräfte gelten nur bei gleichzeitiger Ausführung der definierten Schraubenbolzen, Unterlagsscheiben, Dübelabstände und Vorholzlängen.

Dübeltyp C: Einpressdübel (z. B. System BULLDOG)

Bulldog-Holzverbinder sind Einpressdübel aus Sonderstahl. Für die Verbindung von Holz und Stahlteilen sind einseitige Dübelverbindungen zulässig.

Dübeltyp D: Einpressdübel (z. B. System GEKA)

Einpressdübel vom System GEKA bestehen aus zähem Temperguss. Die Grundplatten dieses Dübeltyps dürfen bis zu 3 mm in das Holz eingelassen werden.

Tabelle 070|3-12: Mindestabstände untereinander sowie von den Hornholzenden und Rändern von Ring- und Scheibendübeln besonderer Bauart – ÖNORM B 1995-1-1 [33]

Abstände untereinander sowie von den Hirnholzenden und Rändern	Winkel zur Faserrichtung	Mindestabstände untereinander sowie von den Hirnholzenden und Rändern
a_1 (in Faserrichtung)	0° ≤α ≤360°	$(1{,}2+0{,}8\cdot|\cos\alpha|)\cdot d_c$
a_2 (rechtwinkelig zur Faserrichtung)	0° ≤α ≤360°	$1{,}2\cdot d_c$
$a_{3,t}$ (beanspruchtes Hirnholzende)	-90° ≤α ≤90°	$2{,}0\cdot d_c$
$a_{3,c}$ (unbeanspruchtes Hirnholzende)	90° ≤α ≤150°	$(0{,}4+1{,}6\cdot|\cos\alpha|)\cdot d_c$
	150° ≤α ≤210°	$1{,}2\cdot d_c$
	210° ≤α ≤270°	$(0{,}4+1{,}6\cdot|\cos\alpha|)\cdot d_c$
$a_{4,t}$ (beanspruchter Rand)	0° ≤α ≤180°	$(0{,}6+0{,}2\cdot|\cos\alpha|)\cdot d_c$
$a_{5,c}$ (unbeanspruchter Rand)	180° ≤α ≤360°	$0{,}6\cdot d_c$

Vorgangsweise für Dübeldimensionierung:

- Wahl des Dübels (der Type A, B, C, D)
- Auswahl des Dübeldurchmessers (in der Regel nach der Tragfähigkeit)
- Festlegung der Anzahl und Tragfähigkeit der Verbindung
- Überprüfung der Holzdimensionen der Verbindung

Tabelle 070|3-13: Dübel besonderer Bauart: Typ A – Ringdübel, Bemessungstabelle nach Formel der ÖNORM EN 1995-1-1 [49]

Maße der Dübel			Mindestholzdicken		Mindestabstände und zulässige charakteristische Übertragungskraft													
Durchmesser	Höhe	Einbindetiefe	Seitenholz	Mittelholz	α = 0°							α = 90°						
d_c	h_c	h_e	t_1	t_2	a_1	a_2	a_{3t}	a_{3c}	a_{4t}	a_{4c}	$F_{v,Rk}$	a_1	a_2	a_{3t}	a_{3c}	a_{4t}	a_{4c}	$F_{v,Rk}$
mm	mm	mm	mm	mm	mm	mm	mm	mm	mm	mm	kN	mm	mm	mm	mm	mm	mm	kN
65	30	15	34	57	130	78	97,5	78	39	39	10,39	78	78	97,5	130	52	39	10,21
80	30	15	34	57	160	96	120	96	48	48	14,19	96	86	120	160	64	48	13,79
92	30	15	34	57	190	114	143	114	57	57	18,37	114	114	143	190	76	57	17,66
126	30	15	34	57	252	151	189	151	75,6	75,6	28,05	151	151	189	252	101	75,6	26,38
128	45	22,5	51	85	256	154	192	154	76,8	76,8	28,72	154	154	192	256	102	76,8	26,82
160	45	22,5	51	85	320	192	240	192	96	96	40,14	192	192	240	320	128	96	36,66
190	45	22,5	51	85	380	228	285	228	114	114	51,94	228	228	285	380	152	114	46,48

Annahmen: Festigkeitsklasse C24, k_{mod} = 0,80, γ_M = 1,30

Bild 070|3-01

Bild 070|3-02

historischer Kirchendachstuhl
historischer Kirchendachstuhl – Stuhlsäulen

Bild 070|3-01
Bild 070|3-02

Bild 070|3-03

Bild 070|3-04

Bild 070|3-05

Bild 070|3-06

Bild 070|3-07

Bild 070|3-08

historischer Dachstuhl – Verbindungsdetails

Bilder 070|3-03 bis 08

Bild 070|3-09

Bild 070|3-10

historisches Kehlbalkendach mit Aussteifungsgespärren
historischer Dachstuhl mit Hängesäulen

Bild 070|3-09
Bild 070|3-10

Bild 070|3-11

Bild 070|3-12

Pfettendach aus Vollholzquerschnitten mit Abstrebungen
Holzleimsparren mit Rahmeneckausbildung

Bild 070|3-11
Bild 070|3-12

Bild 070|3-13

Bild 070|3-14

Bild 070|3-15

Zangenanschluss und zimmermannsmäßige Knotenverbindungen

Bilder 070|3-13 bis 15

Bild 070|3-16

Bild 070|3-17

Bild 070|3-18

Stabdübelverbindungen

Bilder 070|3-16 bis 18

Bild 070|3-19

Bild 070|3-20

Stabdübel- und Passbolzenverbindungen

Bilder 070|3-19 und 20

Bild 070|3-21

Bild 070|3-22

Rahmeneckausbildung bei Holzleimsparren mit Schlitzblechen
Stabdübel- und Passbolzenverbindungen

Bild 070|3-21
Bild 070|3-22

Bild 070|3-23

Bild 070|3-24

Stabdübel- und Passbolzenverbindungen

Bilder 070|3-23 und 24

Bild 070|3-25

Bild 070|3-26

Bild 070|3-27

Leimholzsparren in Rahmenausbildung
Vollholzsparren mit Vollgewindeschrauben
Brettschichtholzrahmen mit Schlitzblechen in den Rahmenecken

Bild 070|3-25
Bild 070|3-26
Bild 070|3-27

Bild 070|3-28

Bild 070|3-29

Einpressdübel vor Zusammenbau
innenliegender Nagelplattenanschluss

Bild 070|3-28
Bild 070|3-29

Bild 070|3-30

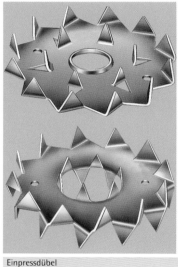

Bild 070|3-31

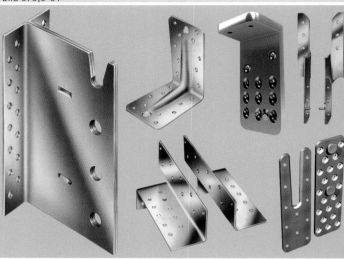

Einpressdübel
Nagelverbinder

Bild 070|3-30
Bild 070|3-31

Bild 070|3-32

Bild 070|3-33

Holzleimbinder mit Balkenschuhen zur Pfettenbefestigung
Pfettenbefestigung mittels Balkenschuh

Bild 070|3-32
Bild 070|3-33

Allgemeines

Dachstühle als zimmermannsmäßige Konstruktionen besitzen eine lange handwerkliche Tradition. Grundsätzlich sind Dachstühle in zwei prinzipielle Gruppen einteilbar, in Sparrendächer und Pfettendächer, wobei sich bei beiden Grundtypen in Abhängigkeit von geometrischen und konstruktiven Randbedingungen zahlreiche Variationen entwickelt haben.

Abbildung 070|4-01: Übersicht zimmermannsmäßige Dachkonstruktionen

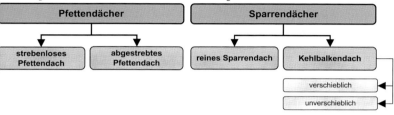

Sparrenbeanspruchung

In der Beanspruchung der Sparren muss je Konstruktionsform des Daches in symmetrische und asymmetrische Lastfallgruppen unterschieden werden. Besonders die Dachneigung und die Art des Dachstuhles beeinflussen die Größe der Schubkraft im Sparrenauflager und damit die Normalkraft im Sparren.

Abbildung 070|4-02: Abtragung Einwirkungen – Pfettendach

 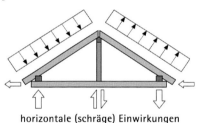

vertikale Einwirkungen   horizontale (schräge) Einwirkungen

Abbildung 070|4-03: Abtragung Einwirkungen – Sparrendach

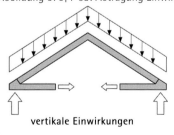 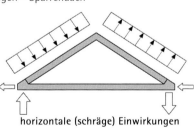

vertikale Einwirkungen   horizontale (schräge) Einwirkungen

Abgesehen von den Normalkräften ergibt sich bei Kehlbalkendächern und Pfettendächern für symmetrische Lasten eine gleiche Beanspruchung, nur bei den reinen Sparrendächern wird der Sparren wesentlich höher beansprucht. Bei den asymmetrischen Lasten weisen die Pfettendächer und unverschieblichen Kehlbalkendächer die geringste Sparrenbeanspruchung auf, die verschieblichen Kehlbalkendächer und reinen Sparrendächer beanspruchen die Sparren um vieles mehr und ergeben auch eine um vieles größere Tragwerksverformung.

Bei Sparrendächern wird der Sparren wesentlich höher beansprucht als bei Pfettendächern.

Abbildung 070|4-04: Sparrenbeanspruchung – Verformungen, Biegemomente

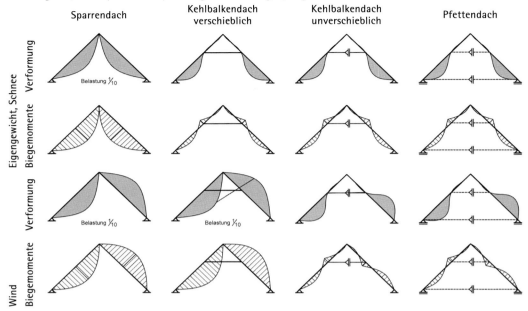

Pfettenbeanspruchung

070|4|1|2

Die Höhe der Pfettenbeanspruchung hängt nicht nur vom Einflussbereich der Lasten, sondern auch von der Tragfähigkeit der ebenfalls als Aussteifungsverband wirkenden Kopfbänder ab. Durch funktionsfähige Kopfbänder und die damit erzielbare Verkürzung der einzelnen Stützweiten kann eine wesentliche Verringerung der Biegebeanspruchung bei gleichzeitiger Aktivierung einer Normalkraftbeanspruchung erreicht werden.

Abbildung 070|4-05: Pfettenbeanspruchung ohne und mit Kopfbändern

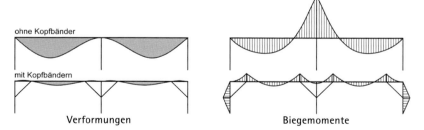

ohne Kopfbänder

mit Kopfbändern

Verformungen   Biegemomente

Pfetten sind in der Regel rechteckige Kanthölzer, welche parallel zum First verlaufen. Im Hallenbau und neuerdings im Wohnhausbau werden auch Leimhölzer eingesetzt. Ihre Hauptaufgabe besteht darin, die Dachlasten, welche über die Sparren aufgebracht werden, auf die Gespärre weiterzuleiten. Dementsprechend werden sie hauptsächlich auf Biegung beansprucht. Die Pfetten verlaufen meist horizontal, ihre Hauptachse kann jedoch waagrecht oder parallel zur Dachebene ausgerichtet werden. Je nach ihrer Lage unterscheidet man Trauf- oder Fußpfetten (Mauerbank), Mittel- und Firstpfetten.

Pfetten verlaufen in der Regel parallel zum First.

Verschiedene statische Systeme, meist Durchlaufträger, können den Pfetten je nach ihrer Ausbildung zugrunde gelegt werden. In der Regel werden die durch die Sparren auf die Pfetten eingeleiteten Einzellasten in Gleichlasten umgewandelt, was die Berechnung wesentlich erleichtert.

Abbildung 070|4-06: Sparrenbefestigung an der Pfette

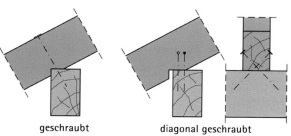  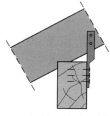

geschraubt　　　　　diagonal geschraubt　　　　　geschraubt mit Knagge　　　　　gedrehter Flachstahl

Der Mehrfeldträger stellt das einfachste statische System für Pfetten dar. Obwohl meist ein vielfach statisch unbestimmtes System vorhanden ist, lässt sich die Berechnung relativ einfach durchführen. Viele Tabellen in zahlreichen Publikationen sowie der Einsatz der EDV nehmen dem Ingenieur die Arbeit zum Großteil ab. Die Pfette wird aus einem einzigen Stück hergestellt (maximale Länge etwa 14 m) oder mittels Laschen biegesteif gestoßen. Als Auflager dienen Binder und Fachwerkträger im Flachdachbau sowie der Dachstuhl beim Steildach. Der Durchlaufträger besitzt weiters den Vorteil, dass er relativ einfach einzubauen ist. Die Ausnützung des Pfettenquerschnittes ist jedoch eher als ungünstig zu bezeichnen, weil das Stützmoment doppelt so groß ist wie das Feldmoment. Aus diesem Grund werden alternative Ausführungen gewählt.

Statische Systeme für Pfetten sind Mehrfeldträger oder Gerberträger.

Tabelle 070|4-01: Biegemomente Mehrfeldträger

$M_{i,max} = \text{Tafelwert} \cdot q \cdot L^2$

$n^{1)}$	M_1	M_b	M_2	M_c	M_3	M_d	M_4	M_e
2	0,0703	-0,1250	0,0703					
3	0,0800	-0,1000	0,0250					
4	0,0772	-0,1071	0,0364	-0,0714				
5	0,0779	-0,1053	0,0332	-0,0789	0,0461			
6	0,0777	-0,1058	0,0340	-0,0769	0,0433	-0,0865		
7	0,0778	-0,1056	0,0338	-0,0775	0,0440	-0,0845	0,0405	
8	0,0777	-0,1057	0,0339	-0,0773	0,0438	-0,0850	0,0412	-0,0825

1) Anzahl der Felder
Voraussetzung: gleiche Stützweiten, Gleichlast, konstantes Trägheitsmoment

Eine dieser Varianten stellt der Gelenkträger oder Gerberträger dar. Durch eine geeignete Einführung von Gelenken in das statisch unbestimmte System des Mehrfeldträgers können die Stütz- und Feldmomente gleich groß werden. Dies wäre für die Pfette ein optimaler Fall, da der Querschnitt nun voll ausgenutzt werden kann. Gelenkträger werden im Allgemeinen statisch bestimmt ausgeführt, die Anzahl der Gelenke entspricht dann der Anzahl der Zwischenstützen. Sie sind aufgrund ihrer statischen Bestimmtheit gegen Setzungen unempfindlich. Ihr Einsatzgebiet liegt im Hallen- und Wohnhausbau. Grundsätzlich gibt es zwei verschiedene Arten der Gelenkanordnung:

- In jedem Feld (außer in einem) wird ein Gelenk angeordnet.
- In jedem zweiten Feld werden zwei Gelenke angeordnet.

Abbildung 070|4-07: Gelenkträger – Varianten der Gelenkanordnung

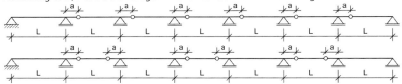

Tabelle 070|4-02: Biegemomente Gelenkträger

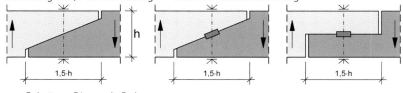

a/L [−]	M_{St} [kNm]	M_F [kNm]	$_{max}f$ [cm]
0,0000	0,0000	0,1250	13,0
0,1465	−0,0625	0,0625	5,2
0,1600	−0,0672	0,0578	4,6
0,1800	−0,0738	0,0512	3,8
0,2000	−0,0800	0,0450	3,0
0,2113	−0,0833	0,0417	2,6
Faktor	$q{\cdot}L^2$	$q{\cdot}L^2$	$q{\cdot}L^4{\cdot}l$

Um die Momente auszugleichen, muss das Gelenk im Abstand a = 0,146×L vom Auflager liegen. Dies gilt allerdings nur für gleiche Feldlängen und für die Innenfelder. Werden die Endfelder zusätzlich auf 0,854×L verkürzt, dann sind alle Stütz- und Feldmomente unter Gleichlast gleich groß (M = q×L²/16). Als Gelenkkonstruktionen haben sich im Wesentlichen vier verschiedene Ausführungsarten bewährt.

Abbildung 070|4-08: Gelenkträger – Arten der Gelenkausbildung

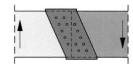

- Schräges Blatt mit Bolzen
  Wegen des Schlupfes des Bolzens ist diese Art nicht geeignet, um rechtwinkelig zur Stabachse auf Abscheren belastet zu werden. Eine Verwendung ist daher nur für einachsig beanspruchte Pfetten möglich. Der Bolzen muss auch Zug aufnehmen und übertragen können.

- Schräges Blatt mit Bolzen und Dübel
  Wegen des Dübels auch für zweiachsige Beanspruchung verwendbar. Bei der besseren Ausführung ist der Bolzen senkrecht zur schrägen Ebene eingebaut.

- Gerades Blatt mit Bolzen und Dübel
  Bei Vorhandensein von Längskräften zu empfehlen.

- Gelenkschuh aus verzinktem Stahlblech
  Besonders einfache Montage, weil die Pfetten stumpf gestoßen werden können. Für die Übertragung einer Normalkraft empfiehlt sich der Einsatz eines Gerberverbinders.

Koppelträger stellen in ihrer Grundstruktur eine weitere Variante des Durchlaufträgers dar. Jedoch wird dieser aus mehreren Einfeldträgern zusammengesetzt, die nach einem bestimmten Schema über den Stützen biegesteif gestoßen werden. Die einzelnen Träger kragen dabei jeweils aus, sodass sie nebeneinander zu liegen kommen. Der biegesteife Stoß wird dann einfach durch eine Vernagelung, mittels Stabdübel oder Dübel besonderer Bauart, hergestellt. Bolzen eignen sich wegen des großen Schlupfes nicht für diese Art der Verbindung. Durch das Nebeneinanderliegen der Hölzer erlangt man fast eine Verdoppelung der Biegesteifigkeit, was dem Tragverhalten eines Durchlaufträgers entgegen kommt. Jedes Holz übernimmt dann die Hälfte des Stützmomentes. Voraussetzung für dieses Tragverhalten ist, dass eine Kopplung der beiden Träger hergestellt wird. Zu diesem Zwecke werden die Verbindungsmittel im Abstand a = 0,18×L vom Auflager an der ersten Innenstütze und a = 0,10×L an den restlichen Innenstützen angeordnet.

Abbildung 070|4-09: Koppelträger

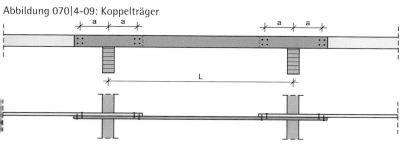

Der Vorteil der Koppelträger liegt darin, dass kurze Hölzer mit meist gleichen Längen zum einen billiger in Transport und Anschaffung, zum anderen einfach in der Montage sind. Nachteilig wirkt sich jedoch in erster Linie die versetzte Lage der einzelnen Hölzer aus, ebenso die relativ hohe Zahl an Verbindungsmitteln.

Abbildung 070|4-10: Kopfbandträger

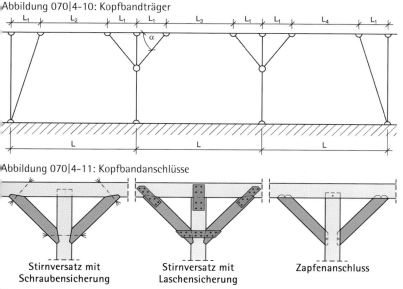

Abbildung 070|4-11: Kopfbandanschlüsse

Stirnversatz mit Schraubensicherung Stirnversatz mit Laschensicherung Zapfenanschluss

Ganz anders verhält es sich bei Kopfbandträgern, die ausschließlich im Steildachbau zur Ausführung kommen. Kopfbandträger werden durch Streben unterstützt. Im Allgemeinen sind die Kopfbänder unter 45 ° geneigt, reichen sie jedoch bis zum Stützenfuß, spricht man von Strebenbalken. Die Abmessungen der Balken (vor allem die Breite) werden in der Regel so gewählt, dass sie mit den Stützen und den Pfetten bündig zu liegen kommen, sie können aber auch schmäler ausgeführt werden. Über den Stützen werden dann die Pfetten gestoßen, wobei diese Verbindung wegen der durch die Kopfbandbalken erzeugten Kräfte zugfest ausgeführt werden muss. Daher werden stumpfer Stoß bzw. gerades oder schräges Blatt mit Bauklammern oder Laschen versehen. Der Anschluss der Kopfbalken an Stützen und Pfetten kann auf unterschiedlichste Art hergestellt werden. Mit Holznägeln gesicherte Zapfen, Versätze in allen Variationen, genagelte Laschen oder Stöße mit Knaggen stellen die Regelfälle dar. Über den Stützen ist darauf zu achten, dass der Querschnitt nicht geschwächt wird. Die Kopfbandträger erfüllen mehrere Forderungen. Eine davon ist die Stützweite der Pfetten zu verringern, was sich auf die Biegebeanspruchung und die Durchbiegung vorteilhaft auswirkt. Ebenso können sie als Aussteifungselement für den gesamten Dachstuhl herangezogen werden.

Für die Berechnung von Kopfbandträgern gibt es Modelle und Vorschriften, die alle sehr ähnlich sind. Prinzipiell sind gewisse Voraussetzungen zu erfüllen, wenn man diese vereinfachten Berechnungen durchführen will.

- Die Belastung sollte gleichmäßig sein, sie darf sich höchstens um 20 % von Feld zu Feld unterscheiden.
- Die freie Länge der Pfetten sollte größer als der halbe Abstand der Stiele sein.
- Die Neigung der Kopfbandbalken soll größer oder gleich 45 ° sein.
- Die Abstände der Stiele dürfen höchstens um 20 % variieren.

Treffen diese Annahmen nicht zu, so muss der Kopfbandträger als Rahmensystem gerechnet werden. Für die vereinfachte Berechnung können jedoch folgende Annahmen getroffen werden:

- Die Pfette wird als Einfeldträger berechnet, dessen Stützweite gleich der größten lichten Weite ist, also von Kopfbandende zu Kopfbandende.
- Der Kopfbandbalken erhält als Belastung eine „Auflagerreaktion" der Pfette.

Bei der Berechnung des Kopfbandträgers sind die Kopfbänder auf Normalkraft, die Pfette und Stuhlsäule auf Normalkraft und Biegung nachzuweisen.

Kopfbänder verringern die Stützweite der Pfetten und wirken als Aussteifungselement.

Aussteifungssysteme

070|4|1|3

Aussteifungssysteme dienen der horizontalen Stabilisierung von Dachkonstruktionen in Bauwerkslängsrichtung. Bei Satteldächern wird dabei auch die Giebelwand an der steiferen Dachkonstruktion mittels Flachstahlanker befestigt. Die Aussteifung erfolgt über:

- Scheibenwirkung der Dachebene
- Dreiecksverbände in der Dachebene (z. B. Windrispen)
- Scheibenwirkung einer Zwischenebene (z. B. Kehlscheibe)
- Biegesteife Eckverbände zwischen Pfetten und Stuhlsäulen (z. B. Kopfbänder)

Das einfache Sparrendach und das Kehlbalkendach werden mit Windrispen oder Lochbändern in Längsrichtung ausgesteift, der Kehlbalken kann durch Laufbohlen mit Diagonalverband gegen Ausknicken gesichert werden.

Abbildung 070|4-12: Systeme zur Aussteifung

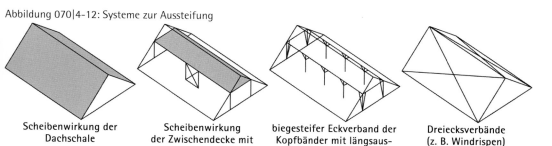

| Scheibenwirkung der Dachschale | Scheibenwirkung der Zwischendecke mit Aussteifungselementen | biegesteifer Eckverband der Kopfbänder mit längsaussteifenden Pfetten | Dreiecksverbände (z. B. Windrispen) |

Abbildung 070|4-13: Aussteifung – Sparrendach

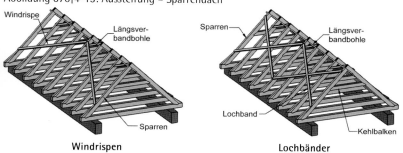

Windrispen   Lochbänder

Bei Pfettendächern kann die Aussteifung in Längsrichtung durch die Schaffung von Kopfbandträgern erfolgen. Durch die „Einspannung" der Stuhlsäulen an der Pfette entsteht dabei ein Rahmensystem, das Kräfte in Pfettenlängsrichtung abtragen kann. Ergänzend zu den Kopfbändern ist auch eine Aussteifung mit Windrispen möglich.

Abbildung 070|4-14: Aussteifung – Pfettendach

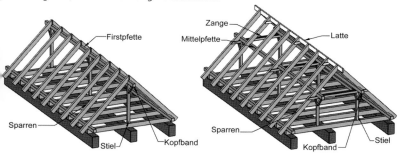

Besonders freistehende Giebelwände sind, auch aufgrund ihrer oft nur geringen Dicken, zur Aufnahme von horizontalen Kräften nicht ausreichend standfest. Eine Sicherung dieser Wände kann einerseits über die Verbindung mit Querwänden oder Pfeilervorlagen, andererseits mit der Anbindung an die Dachkonstruktion erfolgen. Als Verbindungskonstruktionen kommen dabei Varianten von einfachen Überlappungen mit der Dachschalung bis zu horizontalen Verankerungen mit den Pfetten oder Verbindungen mit Randgespärren in Frage. Bei historischem Mauerwerk finden sich dabei häufig Maueranker oder Schließen, neues Mauerwerk ist immer mit einem Rost abzuschließen, der dann an die Dachkonstruktion angebunden werden kann.

Die Aussteifung von Sparrendächern erfolgt über die Dachfläche.

Die Aussteifung von Pfettendächern kann auch über Kopfbandträger erfolgen.

Abbildung 070|4-15: Verankerungen von Giebelwänden [4]

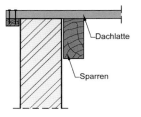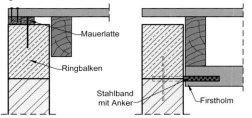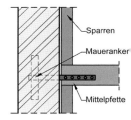

Sparrendächer

070|4|2

Sparrendächer sind Tragsysteme, deren Abstand mit etwa 80 bis 100 cm sehr klein ist. Statisch bildet jeder Sparren mit der Decke ein Tragsystem. Die Sparren ergeben zusammen mit dem Zugelement der Decke ein Dreigelenksystem und erhalten üblicherweise Druck und Biegemoment.

Abbildung 070|4-16: Übersicht Formen – Sparrendächer

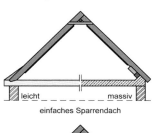

einfaches Sparrendach

Sparrendach mit Kniestock

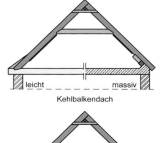

Kehlbalkendach

Kehlbalkendach mit Kniestock

Kehlbalkendach mit einfach stehendem Stuhl

Kehlbalkendach mit doppelt stehendem Stuhl

Die üblichen Sparrenlängen betragen 4 bis 5 m, größere Längen führen zum System des Kehlbalkendaches. In seltenen Fällen erhält das Sparrendach einen Kniestock. Die Seitenkräfte (Normalkraft im Sparren) und deren Ableitung bis zur Fußpfette bzw. Mauerbank sind als statisch wesentlicher Punkt zu beachten.

Einfaches Sparrendach

070|4|2|1

Sparrendächer sind vor allem für steile und relativ schmale Konstruktionen geeignet. Die Trakttiefe beträgt dabei 4 bis 8 m, die wirtschaftliche Dachneigung ab 35 °. Das Gespärre besteht aus der Mauerbank, auch Fußpfette genannt, und aus zwei Sparren, die sich am obersten Punkt, dem First, gegenseitig abstützen. Der Abstand zwischen den Gespärren beträgt im Normalfall um 80 cm.

+ Auftretende Lasten werden direkt in das außen liegende Mauerwerk abgetragen.
+ einfache und schnelle Montage

+ Dachraum bleibt frei von Stützkonstruktionen
− Vertikale Lasten erzeugen einen Horizontalschub im Fußpunkt.

Wegen des Horizontalschubes werden auch Deckenplatten bzw. Holzbalken für die Tragwirkung mit herangezogen, sodass ein Kurzschluss der Horizontalkräfte hergestellt werden kann. Wegen des engen Abstandes der Gespärre ergibt sich ein relativ hoher Materialaufwand. Probleme bilden Gebäudegrundrisse mit Ichsen und Graten sowie vielen Auswechslungen. Bei großen Stützweiten werden die Sparrenabmessungen überproportional groß, da die Durchbiegung und die Biegebeanspruchung der Sparren nicht linear anwachsen. Die Herstellung von Kaminen und Gauben stellt Probleme dar, da die eng aneinander liegenden Sparren beim Einbau stören. In solchen Fällen müssen Auswechslungen angeordnet werden, die je nach Größe hohe Lasten aufnehmen müssen.

Sparrendächer sind vor allem für steile Konstruktionen geeignet.

Abbildung 070|4-17: einfaches Sparrendach – Querschnitt und Axonometrie

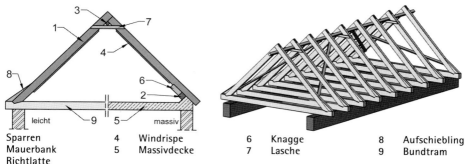

1	Sparren	4	Windrispe	6	Knagge	8	Aufschiebling
2	Mauerbank	5	Massivdecke	7	Lasche	9	Bundtram
3	Richtlatte						

Beim einfachen Sparrendach bilden die Sparren zusammen mit der Decke des darunter liegenden Geschoßes unverschiebliche Dreiecke, die man statisch als Überlagerung von zwei Systemen auffassen kann:

- zwei schräg liegende, hauptsächlich auf Biegung beanspruchte Einfeldträger
- eine Dreigelenkkonstruktion, die am First anfallende Auflagerkräfte in Form von Längskräften zu den Fußpunkten ableitet

Besonders wichtige Punkte des Sparrendachs sind der Anschluss der beiden Sparren im Firstpunkt und der Anschluss der Sparren an das Mauerwerk. Die Ausführung des Firstes kann in unterschiedlicher Weise erfolgen. Früher war es üblich, die Sparren mittels zimmermannsmäßiger Verbindungen (Scherzapfen, Überblattung) zu verbinden, heutzutage werden die Sparren meistens mittels Nagelplatten oder Laschen verbunden.

Abbildung 070|4-18: Sparrendach – Firstdetail

| Scherzapfen | Überblattung | Lasche/Nagelplatte |

Zur Aussteifung der Dachkonstruktion werden Windrispen verwendet, die schräg über die Dachfläche alle Sparren miteinander verbinden. Ein weiteres Merkmal des Sparrendaches ist die Firstlatte, die zur Aussteifung dient und gleichzeitig ein genaues Arbeiten ermöglicht. Bei ca. jedem dritten Gespärre werden dabei zwei Verbindungszangen als Auflager für eine eventuell vorhandene Richtlatte im Firstbereich angeordnet. Die Richtlatte kann aus einem Kantholz, aber auch aus zwei Holzbohlen bestehen. Diese sollen sicherstellen, dass der First eine einheitliche Gerade bildet und sich keine Wellenlinie einstellt. Die Firstlatten werden mittels Nägeln mit den Sparren verbunden.

Die Lösung des Fußpunktes ist bei Sparrendächern aufwändiger als die des Firstes.

Abbildung 070|4-19: Sparrendach – Firstaussteifung

  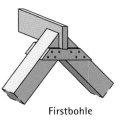

Kantholz   Bretter   Firstbohle

Die Lösung des Fußpunktes ist etwas aufwändiger als die des Firstes. Man kann die Lasten sowohl mittels Fußpfette, auch Mauerbank genannt, als auch direkt über den Sparren in das Gebäude ableiten. Findet die Übertragung direkt statt und steht der Sparren nicht aus den Gebäudeumrissen heraus, werden Aufschieblinge eingesetzt.

Abbildung 070|4-20: Sparrendach – Fußpunktdetail

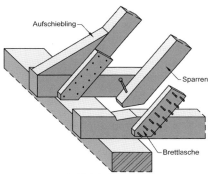 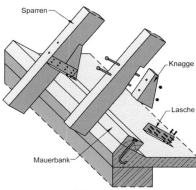

mit Holzbalken   auf Massivdecke

Bei zimmermannsmäßigen Dächern ist auf eine ausreichende Vorholzlänge zu achten. Werden die Lasten über die Mauerbank übertragen ist darauf Acht zu geben, dass diese fix mit dem Drempelmauerwerk bzw. mit der Decke verbunden ist. Der Fußpunkt des Sparrens sollte unverschieblich gehalten sein. Als Normalkraft entsteht hier nur Druck, was die Ausbildung des Anschlusses vereinfacht. Bei anderen Lösungen finden Knaggen, Stahlformteile oder auch angenagelte Laschen Verwendung. Soll die Traufe außerhalb der Gebäudeumrisse liegen, gibt es zwei Möglichkeiten. Es werden entweder die Sparren oder die Balken verlängert. In letzterem Fall ist wieder die Anordnung von Aufschieblingen notwendig, um das Dach bis zur Traufe führen zu können.

Sparrendach mit Mauerbank

Mauerbänke sind waagrechte Hölzer, die rechtwinkelig zu den Sparren an deren Fußpunkten verlaufen. Sie werden immer dann gewählt, wenn Holzbalken und Sparren keine gemeinsame Ebene bilden. Ihre Aufgabe besteht daher darin, die Horizontalkraft der Sparren aufzunehmen. Bei

Ausführung von Holzdecken ermöglichen die Mauerbänke eine von der Lage der Deckenbalken unabhängige Sparrenausteilung. Wegen des auftretenden Sparrenschubes ist auf eine ausreichende Verankerung der Mauerbank zu achten.

Sparrendach auf Massivdecke

Der einzige Unterschied zur Ausbildung mit Holzbalken besteht darin, dass statt der Balken eine Massivdecke vorhanden ist und diese in der Lage sein sollte, die Zugkräfte aufzunehmen. Konstruktiv ergibt sich damit nur ein Unterschied bei der Ausbildung des Sparrenfußes. Alle anderen Details sowie das statische System sind analog dem einfachen Sparrendach. Grundsätzlich ist die Wahl einer Mauerbank auch bei Massivdecken möglich. Vor allem wenn die Massivdecke kein direktes Widerlager für den Sparren bildet, kann mittels einer Mauerbank eine hölzerne Verbindung zum Sparren hergestellt werden.

Besonders für den Fußpunktbereich finden sich in der Literatur die unterschiedlichsten Ausführungsvarianten, die zwar konstruktiv auf die Problematik der Schubkraftübertragung eingehen und eine Kraftabtragung ermöglichen, baupraktisch aber kaum durchführbar erscheinen.

Abbildung 070|4-21: Sparrendach – theoretische Ausführungsvarianten Fußpunktdetails

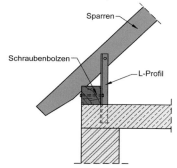
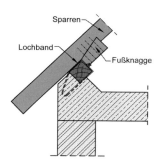

Die Verankerung jedes Sparrens an einem einbetonierten und auskragenden Winkelprofil, wie in Abbildung 070|4-21 dargestellt, ist zwar theoretisch möglich, baupraktisch muss aber bereits bei der Deckenherstellung die Sparrenausteilung feststehen und eine entsprechende Koordinierung zwischen der Baufirma und der Zimmerei stattfinden. Die Alternative mit der schräg liegenden Fußpfette und der Knagge bedarf einer baupraktisch kaum möglichen Stahlbetonausführung des Deckenrandes.

Das Sparrendach stellt im Prinzip einen Dreigelenkbogen dar. Dieser muss aufgrund der Neigung im Gegensatz zu einem waagrechten Träger zusätzlich zum Moment und zur Querkraft eine Normalkraft aufnehmen. Die Dachhautkonstruktion besteht entweder aus einer Lattung oder auch aus einer Schalung, welche auf die Sparren angebracht werden. Die Lattung oder die Schalung dient gleichzeitig als Knicksicherung derselben in Dachlängsrichtung. Sie dient auch als Längsaussteifung des Daches, darf dafür jedoch konstruktiv nicht herangezogen werden, daher benötigt man trotzdem Windrispen. Die Vertikal- und Seitenkräfte müssen über die Mauerbank abgeleitet werden. Daher ist der Anschluss des Sparrens an die Mauerbank unverschieblich, aber gelenkig auszuführen.

Das Sparrendach stellt im Prinzip einen Dreigelenkbogen dar.

Tabelle 070|4-03: statisches System und Schnittkräfte – einfaches Sparrendach [21]

	Lastfall 1	Lastfall 2	Lastfall 3
Auflagerreaktionen			
A_H	$q \cdot \dfrac{l^2}{16 \cdot h}$	$-w \cdot \dfrac{3 \cdot h}{4}$	$q \cdot \dfrac{l^2}{8 \cdot h}$
A_V	$q \cdot \dfrac{3 \cdot l}{8}$	$-w \cdot \dfrac{h^2}{2 \cdot l}$	$q \cdot \dfrac{l}{2}$
B_H	$q \cdot \dfrac{l^2}{16 \cdot h}$	$w \cdot \dfrac{h}{4}$	$q \cdot \dfrac{l^2}{8 \cdot h}$
B_V	$q \cdot \dfrac{l}{8}$	$w \cdot \dfrac{h^2}{2 \cdot l}$	$q \cdot \dfrac{l}{2}$
Schnittgrößen			
$M_{Sparren}$	$q \cdot \dfrac{l^2}{32}$	$w \cdot \dfrac{h^2}{8}$	$q \cdot \dfrac{l^2}{32}$

Sparrendach mit Kniestock

070|4|2|2

Sparrendächer mit Kniestock bestehen aus zwei Sparren, welche sich zwar im First treffen, die aber nicht direkt auf einer Decke auflagern. Ihr wesentliches Unterscheidungsmerkmal zu den einfachen Sparrendächern besteht eben darin, dass die Außenwand über die letzte Decke hinaus durch eine Drempelwand verlängert wird. Die Horizontalkräfte aus den Sparren müssen nun durch geeignete Konstruktionen – Druck- oder Zugstreben – in die Decke eingeleitet werden.

Bei Sparrendächern mit Kniestock ist die Außenwand über die oberste Geschoßdecke verlängert.

Abbildung 070|4-22: Sparrendächer mit Kniestock

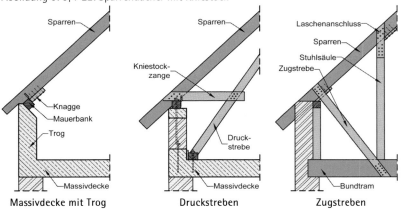

Massivdecke mit Trog	Druckstreben	Zugstreben

Ist die oberste Decke eine Massivdecke, bestünde die Möglichkeit, diese wie einen Trog herzustellen und die Abstrebungen durch eine biegesteife Eckausbildung zwischen Decke und Drempelwand zu ersetzen. Wenn die aufgehende Wand den Schub nicht aufnehmen kann, sind Streben anzuordnen, welche die Horizontalkräfte in die Decke weiterleiten. Sofern die Wand nicht als Tragelement herangezogen werden kann oder soll, wird auch parallel zu dieser ein senkrechter Pfosten aufgestellt.

Durch die vorhandene Drempelwand wird der Dachraum vergrößert und ist für eine Nutzung besser geeignet. Die Streben stellen, sofern sie als Druckglieder ausgeführt werden, für die Sparren eine Unterstützung dar und ermöglichen daher größere Spannweiten. In vielen Fällen liegt das Einsatzgebiet aber nur im Bereich der einfachen Sparrendächer mit Stützweiten von 4 bis 8 m. Hier kann dann der Sparren kleiner dimensioniert werden.

Durch die Drempelwand wird der Dachraum vergrößert und ist für eine Nutzung besser geeignet.

Tabelle 070|4-04: statische Systeme – Sparrendächer mit Kniestock [21]

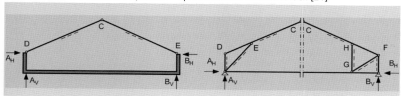

Bezüglich der Anordnung der Streben gibt es zwei Möglichkeiten. Bei der Ausbildung der Strebe als Zugglied wird die auftretende Horizontalkraft am Sparrenfuß durch die Strebe aufgenommen, sodass auf das Mauerwerk nur eine vertikale Auflagerreaktion wirkt. Hingegen verbessert sich diese für den Deckenbalken, weil dieser durch den Anschluss der Zugstrebe eine vertikale Kraft entgegen der üblichen Belastung erhält. Der Deckenbalken muss in der Lage sein, die im Randbereich auftretende Druckkraft in Balkenrichtung aufzunehmen. Es besteht aber auch die Möglichkeit, dass sich die Decke über die Strebe an den Sparren hängt und zu einer zusätzlichen Beanspruchung des Sparrens führt. Da Zugelemente im Holzbau nur ungern verwendet werden, ist bei der zweiten Alternative die Strebe als Druckstrebe ausgebildet. In diesem Fall gehen alle Lasten direkt in die Außenmauer. Die Strebe bewirkt eine Aussteifung des Eckes und eine Unterstützung für die Sparren.

Die Strebe im Bereich der Drempelwand bewirkt eine Aussteifung des Eckes und eine Unterstützung für die Sparren.

Bei den Strebenanschlüssen muss unterschieden werden, ob es sich um ein Zug- oder Druckglied handelt. Im Falle des Zuges wird die Strebe mittels angenagelten Laschen sowohl an den Sparren als auch an den Deckenbalken angeschlossen. Besonders wenn die Wand eine Holzriegelkonstruktion ist, kann der Anschluss der Strebe gewisse Platzprobleme ergeben. Handelt es sich hingegen um ein Druckglied, so kommen außer Laschen auch Knaggen und Versätze zum Einsatz. Der Anschluss an den Sparren stellt keine Probleme dar. Auch die Verbindung mit dem Deckenbalken oder der Holzriegelwand verursacht keine großen Schwierigkeiten. Die Auflagerdetails sind wie bei den Kehlbalkendächern mit Kniestock ausgeführt.

Unterstütztes Sparrendach

070|4|2|3

Um die überbrückbaren Stützweiten bei Sparrendächern etwas zu vergrößern, ist der Einbau von zusätzlichen Konstruktionselementen erforderlich. Am einfachsten ist es, senkrechte Pfosten oder schräg liegende Streben in jedem Gespärre anzuordnen. Diese wirken dann für die Sparren als ein zusätzliches Auflager. Es muss jedoch darauf geachtet werden, dass die Auflagerkräfte aus den zusätzlichen Stützungen über die Decken weitergeleitet werden können. Die erreichbaren Stützweiten des Daches liegen bei rund 10 m.

Abbildung 070|4-23: Detail Stuhlsäule – unterstütztes Sparrendach

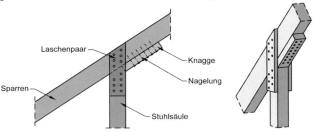

Für das statische System und das Tragverhalten bleibt der Sparren ein multi-funktionales Tragelement. Einerseits trägt er die Dachhaut, andererseits wirkt er als Tragelement für den Dachstuhl. Der Sparren wird statisch als Mehrfeldträger beansprucht, der bei zu auflagernaher Unterstützung auch Abhubkräfte an der Traufe bewirken kann. Sind die Verbindungen der Abstrebungen an Sparren und Deckenbalken zugfest ausgebildet, können Deckenlasten auch in den Dachstuhl eingeleitet werden.

Kehlbalkendächer

070|4|2|4

Das Kehlbalkendach ist eine Sonderform des Sparrendaches. Werden Sparren länger als 4,5 m, kann man diese durch einen Kehlbalken unterstützen. Kehlbalkendächer werden bei Haustiefen von 8 bis 12 m und bei Dachneigungen über 35 ° eingesetzt. Wie beim Sparrendach empfiehlt sich die Anwendung nur für einfache Grundrisse. Jeder Sparren erhält durch einen Kehlbalken eine horizontale Aussteifung. Das Tragwerk kann durch mehrere sich überlagernde Systeme gebildet werden:

- zwei schräge, hauptsächlich auf Biegung beanspruchte Zweifeldträger
- Dreigelenkskonstruktion wie beim einfachen Sparrendach
- Sprengwerk, das aus den unteren Teilen der Sparren und Kehlbalken besteht

Abbildung 070|4-24: Kehlbalkendach – Querschnitt und Axonometrie

1	Sparren	4	Windrispe	7	Lasche	9	Bundtram
2	Mauerbank	5	Massivdecke	8	Aufschiebling	10	Kehlbalken
3	Richtlatte	6	Knagge				

Die ursprüngliche Idee des Kehlbalkendaches bestand darin, für die Sparren einen Aussteifungshorizont zu bilden, sodass die Momentenlinie des Sparrens günstig beeinflusst werden konnte. Größere Stützweiten und steilere Dachneigungen waren realisierbar. Als weitere Veränderung wurde die Kehlbalkenlage stabilisiert, sodass sich ein unverschiebliches Kehlbalkendach ergab. Ein viel steiferes System stand somit zur Verfügung. Unverschiebliche Kehlbalken können nur dort angewendet werden, wo auch die Möglichkeit von entsprechenden Giebel- oder Querwänden zur horizontalen Stabilisierung der Kehlscheiben besteht. Ebenso wurde versucht, mehrere Kehlbalkenlagen auszuführen, aber auch die Kehlbalken abzustützen. Vielfach wird die Kehlbalkenlage als Raumabschluss oder Boden eines zweiten Dachraumes herangezogen.

Abbildung 070|4-25: Kehlbalkenausbildungen – Kehlbalkenanschlüsse

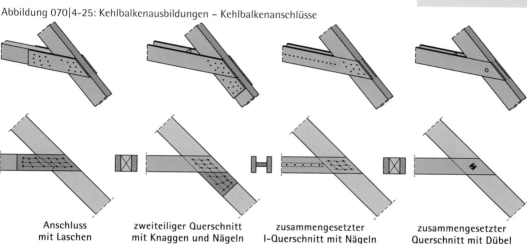

| Anschluss mit Laschen | zweiteiliger Querschnitt mit Knaggen und Nägeln | zusammengesetzter I-Querschnitt mit Nägeln | zusammengesetzter Querschnitt mit Dübel |

Der Anschluss des Kehlbalkens kann grundsätzlich auf zwei verschiedene Arten ausgeführt werden. Entweder ist der Kehlbalken ein Kantholz, dann wird er mittels Laschen mit dem Sparren verbunden. Oder der Kehlbalken wird als Zange über die ganze Länge ausgebildet. Prinzipiell bekommt der Kehlbalken nur Druckkräfte, dennoch sollten die Verbindungen auch geringe Zugkräfte aufnehmen können. Der Sparren ist nach Möglichkeit im Bereich des Kehlbalkenanschlusses nicht zu schwächen, da er durch das Stützmoment beansprucht wird. Die meisten Konstruktionen nehmen darauf Rücksicht, indem sie den Sparrenquerschnitt unversehrt belassen und den Kehlbalken mittels Laschen und Knaggen anschließen.

Der Sparren sollte im Bereich des Kehlbalkenanschlusses nicht geschwächt werden, da er durch das Stützmoment beansprucht wird.

Aus konstruktiver Sicht gibt es generell zwei statische Grundsysteme beim Kehlbalkendach: das verschiebliche und das unverschiebliche Kehlbalkendach. Das verschiebliche Kehlbalkendach unterscheidet sich im Aufbau eigentlich nur durch das Vorhandensein des Kehlbalkens vom einfachen Sparrendach. Der Kehlbalken ist ein waagrecht liegendes Holz, das an beide Sparren angeschlossen wird und zwar zug- und druckfest. Die Lage des Balkens hängt im Wesentlichen von der Dachgeometrie ab. Meist liegt er zwischen der halben und zwei Drittel der Dachbodenhöhe, jedoch sollte er andererseits mindestens 2,20 m als lichte Höhe über dem Fußboden aufweisen, um ein Begehen des Dachbodens zu gestatten. Im klassischen Fall besitzt jedes Gespärre einen Kehlbalken. Als Variante wird auch der Kehlbalken aus Brettern ausgeführt, sodass er die Sparren wie eine Zange umklammern kann. Wegen der Verschieblichkeit der Gespärre muss die Seitensteifigkeit durch ein anderes Element erreicht werden. Meist genügt der Einbau von Windrispen, die jedoch bei größeren Stützweiten teilweise schon kreuzweise auf jeder Seite eingebaut werden müssen.

+ Sämtliche Dachlasten werden auf das Außenmauerwerk abgetragen, ohne die oberste Decke zu belasten.
+ steilere Dachneigungen

+ größere Stützweiten bei gleichen Sparrenabmessungen
+ Der Dachraum wird durch den Einbau des Kehlbalkens geteilt. Durch geeignete Maßnahmen kann dieser Raum auch genutzt werden.
+ Das Kehlbalkendach ist wesentlich steifer als das Sparrendach.
+ Im Dachraum gibt es keine Stützen oder Streben.
− Wegen seiner Ähnlichkeit mit dem Sparrendach sind hier auch die vorhandenen Horizontalkräfte an den Auflagern zu berücksichtigen.
− Größerer Holzverbrauch als beim Sparrendach und Pfettendach.
− Der Kehlbalken kann unter Umständen auch als störend empfunden werden, weil der Dachraum nicht mehr ganz frei ist.
− Probleme bei der Anordnung von Gauben, Kaminen etc.

Tabelle 070|4-05: statisches System – Kehlbalkendach [21]

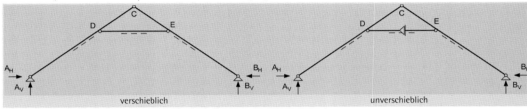

Probleme ergeben sich im Bereich von Auswechslungen. In der Regel werden daher Auswechslungen höchstens für einen Sparren vorgenommen. Von der Dachform her ist das Kehlbalkendach auf symmetrische Satteldächer eingeschränkt. Ähnlich wie beim Sparrendach ergeben sich sonst die Probleme bei der Ausbildung des Zuggliedes. Die symmetrische Anordnung ist auch für das Abtragen der horizontalen Lasten besser geeignet. Die Anwendung beschränkt sich fast ausschließlich auf Gebäude mit rechteckigem Grundriss.

Das verschiebliche Kehlbalkendach stellt ein einfach statisch unbestimmtes System dar. Der Dreigelenksbogen wird durch den Kehlbalken zusätzlich ausgesteift. Die Unverschieblichkeit der Sparrenfußpunkte muss auch konstruktiv gewährleistet werden, jedoch verträgt das Kehlbalkendach kleine Verschiebungen besser als das Sparrendach. Der Kehlbalken selbst steht bei Beanspruchung hauptsächlich unter Druck. Obwohl die Lasten meist nicht sehr groß sind, ist wegen der oft großen Knicklänge die Länge der Balken beschränkt. Die Breite des Kehlbalkens und des Sparrens wird oft gleich gewählt, um einen einfacheren Anschluss zu ermöglichen. Die Längsaussteifung übernimmt die Konstruktion mit Windrispe.

Abbildung 070|4-26: Unverschiebliches Kehlbalkendach – Ausbildung des Aussteifungshorizontes

Aussteifungsverband   Aussteifungsscheibe

Der Aussteifungshorizont beim unverschieblichen Kehlbalkendach verleiht der gesamten Dachkonstruktion eine sehr große Steifigkeit in alle Richtungen. Stützweiten bis 14 m sind möglich. Vorteilhaft ist diese Art auch bei hohen Dächern und bei einseitigen Walmdächern. Die Steifigkeit der horizontalen Scheibe hängt wesentlich von ihrer Ausführung ab. Sie bestimmt auch, ob ein Kehlbalkendach überhaupt als unverschieblich angesehen werden kann. Der Kehlverband ist eigentlich nur für unsymmetrische Lastfälle interessant. Dennoch sollten die Kehlbalken imstande sein, die bei symmetrischer Belastung auftretenden Druckkräfte aufzunehmen. Der Aussteifungsverband wirkt statisch wie ein waagrecht liegendes Fachwerk, welches nur horizontal belastet wird. Als Stützweite dieses Fachwerkes ist der Abstand zwischen den Giebelwänden oder zusätzlichen horizontalen Stützungen anzusehen. Dies bedingt aber wiederum, dass die Giebelwände imstande sein müssen, die horizontalen Auflagerreaktionen in Höhe des Kehlbalkens aufzunehmen.

Kehlbalkendach mit Kniestock

070|4|2|5

Ähnlich wie bei einem Sparrendach mit Kniestock sind diese auch bei Kehlbalkendächern ausführbar. Grundsätzlich wäre wieder die Ausbildung eines biegesteifen Troges, von Zugstreben oder Druckstreben möglich. Im Nachfolgenden wird jedoch nur mehr auf die üblichste Ausbildungsform, die Druckstreben, eingegangen. Die Konstruktion mit dem Kniestock wird meistens bei Dachkonstruktionen angewendet, bei denen der Dachraum ausgebaut wird.

Abbildung 070|4-27: Kehlbalkendach mit Kniestock – Querschnitt und Axonometrie

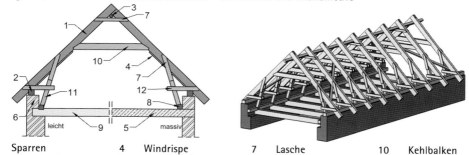

1	Sparren	4	Windrispe	7	Lasche	10	Kehlbalken
2	Mauerbank	5	Massivdecke	8	Schwelle	11	Strebe
3	Richtlatte	6	Kniestock	9	Bundtram	12	Zangen

Abbildung 070|4-28: Kehlbalkendach mit Kniestock – Anschluss Strebe an Sparren

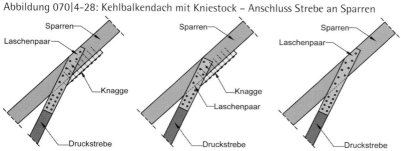

Probleme ergeben sich bei Kehlbalkendächern wie auch bei den einfachen Sparrendächern bei Auswechslungen. Alle Auswechslungen in den Deckenbalken, Kehlbalken oder Sparren zerstören das statische System. Sehr oft ist es deshalb erforderlich, den Sparrenquerschnitt durch angenagelte Kanthölzer zu unterstützen.

Abbildung 070|4-29: Kehlbalkendach mit Kniestock – Traufendetail

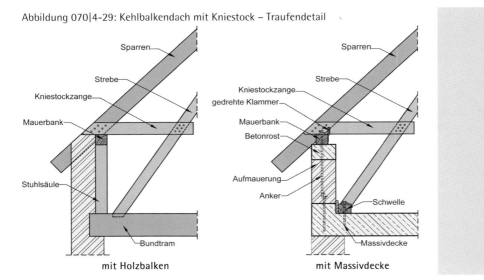

mit Holzbalken   mit Massivdecke

Kehlbalkendächer mit mehreren Kehlbalkenlagen

070|4|2|6

Diese Typen stellen im Wesentlichen eine Fortführung des Systems mit einem Kehlbalken durch die Situierung zusätzlicher Balken dar. Wie beim einfachen Kehlbalkendach ist jedoch auch hier sinnvollerweise auf die Begehbarkeit zwischen den einzelnen Horizonten zu achten. Diese bestimmt im Allgemeinen den Abstand der Balken, ebenso ist die Länge der untersten Kehlbalken ein Kriterium. Zur seitlichen Aussteifung dienen die Windrispen bzw. der Kehlverband.

Tabelle 070|4-06: statisches System – Kehlbalkendach mit zwei Kehlbalken [21]

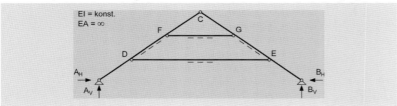

Mehrfache Kehlbalkendächer findet man teilweise im Kirchenbau. Je nach Anzahl der Kehlbalkenlagen können größere Stützweiten und steilere Dächer ausgebildet werden.

Kehlbalkendächer mit stehendem Stuhl

070|4|2|7

Im Allgemeinen ist die Länge des Kehlbalkens beschränkt. Zur Entlastung der Kehlbalken (vor allem bei Nutzung derselben als Deckenbalken) besteht die Möglichkeit, unter ihnen einen stehenden Stuhl aufzubauen. Der einfache Stuhl wird gerne verwendet, weil er die Lasten unmittelbar auf eine eventuell vorhandene Mittelmauer ableiten kann. In seltenen Fällen wird diese auch bis zum Kehlbalken hochgezogen. Sie teilt dann allerdings den Dachraum. Doppelte Stühle liegen meist unter den Anschlusspunkten des Kehlbalkens an den Sparren. Zu beachten ist der Unterschied zum Pfettendach mit doppelt stehendem Stuhl. Dort liegen die Sparren (wie üblich) auf den Pfetten auf, die Zangen dienen nur der Stabilisierung. Beim Kehlbalkendach werden aber die Balken und nicht die Sparren unterstützt.

Abbildung 070|4-30: Kehlbalkendächer mit stehenden Stühlen

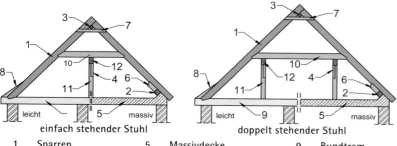

1	Sparren	5	Massivdecke
2	Mauerbank	6	Knagge
3	Richtlatte	7	Lasche
4	Kopfband	8	Aufschiebling

9	Bundtram
10	Kehlbalken
11	Stuhlsäule
12	Mittelpfette

Das Kehlbalkendach mit doppelt stehendem Stuhl ist eine Mischung aus Kehlbalken- und Pfettendach. Vertikale Lasten werden sehr stark von den Stützen angezogen und werden wie bei den Pfettendächern auf die Decke unter dem Dachgeschoß abgetragen. Trotzdem sollte man auf den Horizontalschub an den Sparrenfüßen nicht vergessen, da sämtliche horizontale Kräfte das Kehlbalkendach übernimmt. Bei nachträglichen Ausbauten ist dafür Sorge zu tragen, dass die Holzbalken der Decke die Last nicht über die Stützen an das Dachtragwerk weiterleiten, wie dies bei den dafür vorgesehenen Hängewerken üblich ist. Deshalb ist der Anschluss der Stuhlsäulen an den Holzbalken nur druckfest auszubilden. Die Ausbildung des Stuhles ist ähnlich dem eines Pfettendaches. Die Längsaussteifung des Dachtragwerkes können mehrere Elemente übernehmen: die Windrispen, der Kehlverband, sofern es sich um ein unverschiebliches Kehlbalkendach handelt, oder die Kopfbänder der Stühle.

Abbildung 070|4-31: Kehlbalkendächer mit stehenden Stühlen – Details

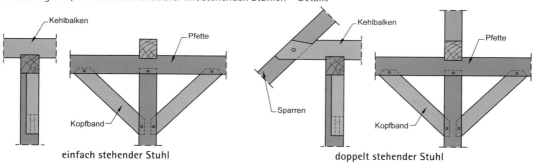

Bei doppelt oder mehrfach stehendem Stuhl besteht die Möglichkeit, den Kehlbalken zusätzlich mittels Kopfbändern mit den Säulen zu verbinden, was eine verbesserte Tragwirkung des Balkens für Ausbaulasten bewirkt. Diese Variante bietet auch noch eine zusätzliche Versteifung in der Gespärreebene sowie eine kleinere Durchbiegung des Kehlbalkens. Der Stuhl kann, wie bei Pfettendächern auch üblich, abgestrebt sein.

Pfettendächer

Beim Pfettendach liegen die Sparren frei auf den Fuß-, First- oder Mittelpfetten. Als Einfeld- oder Mehrfeldträger mit oder ohne Kragarm sind die Sparren vorwiegend auf Biegung beansprucht. Aussteifungen in Längsrichtung werden durch Windrispen oder durch Kopfbänder und Streben, im Querschnitt durch zu bildende Dreiecksgefache gebildet. Während Sparren- und Kehlbalkendach vorwiegend für steile Dächer infrage kommen, bieten Pfettendächer auch die Möglichkeit, flachere Neigungen bis hin zum Flachdach auszuführen. Vielfach wird in der Literatur das Flachdach auch als das ursprüngliche Einsatzgebiet dieser Dachbauform angegeben.

Abbildung 070|4-32: Übersicht Formen – Pfettendächer

einfach stehender Stuhl   doppelt stehender Stuhl   abgestrebtes Pfettendach mit doppelt stehendem Stuhl

einfach liegender Stuhl   doppelt liegender Stuhl   Bockpfettendachstuhl

einfaches Hängewerk   doppeltes Hängewerk   liegender Stuhl mit Sprengwerk

Der grundlegende Unterschied zwischen den Sparren- und Kehlbalkendächern und dem Pfettendach besteht darin, dass meist ein teilweise bis völlig entkoppeltes Tragsystem vorhanden ist, welches einerseits die Dachhaut und andererseits das Dach trägt. Dies bedeutet, dass die Sparren ihre Rolle als Dachtragwerkselement verlieren und nur mehr eine Unterkonstruktion und ein Lasteinleitungselement für die Dachhaut sind. In der Regel besteht für die Sparren nur ein einfaches statisches System, das sich im Wesentlichen auf den Ein- und Mehrfeldbalken beschränkt. Besonders deutlich erkennt man den Unterschied bei Betrachtung des Firstbereiches. War es bei den Sparren- und Kehlbalkendächern eine zwingende Notwendigkeit, dass die Sparren miteinander verbunden werden (sonst kann sich das gewünschte statische System nicht einstellen), so geht man beim Pfettendach davon aus, dass sich die Sparren nicht berühren und sich auch nicht gegenseitig abstützen können.

Das eigentliche Dachtragwerk wird nun durch ein eigenes System gebildet, auf dem das Dach aufliegt (daher auch wahrscheinlich die Bezeichnung Dachstuhl). Alle Varianten haben eines gemeinsam: Das System muss räumlich stabil sein und unverrückbar auf dem Gebäude aufsitzen. Die räumliche Standfestigkeit wird in Gespärreebene durch den Stuhl und in Längsrichtung durch den Kopfbandbalken erreicht. Windrispen, die bei den Sparrendächern von wesentlicher Bedeutung für die Stabilisierung in Längsrichtung waren, dienen, sofern sie überhaupt eingebaut werden, nur mehr zur Lagesicherung der einzelnen Sparren.

Pfettendachstühle besitzen den Vorteil, dass nicht jedes Gespärre, wie bei den Sparrendächern, voll ausgebildet werden muss. Nur rund jedes dritte bis fünfte Gespärre (etwa alle 4,50 m) ist voll ausgebaut, dazwischen liegen die so genannten Leergespärre (etwa alle 0,80 bis 1,00 m). Diese haben nur die Aufgabe, die Dachlasten auf die Pfetten abzutragen. Die vollen Gespärre hingegen müssen die Lasten auf die Mauern weiterleiten und den Dachstuhl stabilisieren.

Abbildung 070|4-33: Gaubenausbildung bei Pfettendach

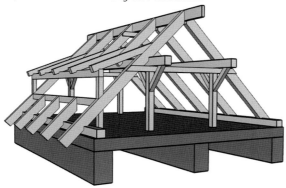

Bei Sparren- und Kehlbalkendächern wird in der Regel die unter dem Dachraum liegende Decke nicht belastet, außer man verwendet dafür vorgesehene Konstruktionen. Dies ist bei den Pfettendächern nicht der Fall. Die Pfetten werden in jedem Vollgespärre unterstützt. Dies können Stützen oder Streben sein. Im Falle der Stützen wird die Last auf die darunter liegende Decke abgeleitet, die dann durch Einzellasten beansprucht wird. Einerseits besteht die Möglichkeit, unter den Stuhlsäulen eine Art Lastverteilungsbalken, die Schwelle, auszuführen, diese soll die ankommende Einzellast der Stütze auf mehrere Deckenbalken verteilen. Andererseits wird oft versucht, die Stuhlwand (also die firstparallele und meist unter den Pfetten liegende Verbindung der Stuhlsäulen) so zu platzieren, dass sie über einer tragenden Innenwand zu liegen kommt und die Lasten nicht über die Decke, sondern direkt in die Wand eingeleitet werden. Eine weitere Möglichkeit, die Decke nicht zu belasten, besteht darin, dass der Dachstuhl nicht stehend, sondern liegend ausgeführt wird. Diese Art ermöglicht es noch zusätzlich, den Dachboden von den beim Pfettendach erforderlichen Stützen freizubekommen.

Pfettendächer können bei jeder Art von Dachform und Dachdeckung gewählt werden. Obwohl ursprünglich als Flachdach ausgeführt, gibt es mittlerweile eine Vielzahl von Ausführungen für ein steiles Dach. Ein weiterer Hinweis für die universellere Einsatzmöglichkeit von Pfettendachstühlen ist die Tatsache, dass die Ausbildung von Dachgauben, Dachdurchdringungen sowie das

Verschneiden zweier Dachflächen wesentlich leichter zu bewerkstelligen ist. Auch können die Gebäudegrundrisse fast jede beliebige Form annehmen, ohne dass sich die Dachtragkonstruktion im Wesentlichen ändert.

Was den Pfettendachstuhl vor allem auszeichnet, ist die Möglichkeit, die Sparren auch gegeneinander zu versetzen. Dies ist vor allem dann von Bedeutung, wenn die Dachkonstruktion von einem Kamin oder anderen Bauteilen durchdrungen wird. Die Sparren müssen nun nicht aufwändig ausgewechselt werden, oft reicht es einfach, diese zu verschieben.

Pfettendach mit einfach stehendem Stuhl

070|4|3|1

Die einfachste Steildachform eines Pfettendaches stellt das Pfettendach mit einfach stehendem Stuhl dar. Neben den Fußpfetten, die gleichzeitig als Mauerbank dienen, gibt es nur eine einzige weitere Pfette. Diese wird im First angeordnet und durch eine in Dachmitte verlaufende Stützenreihe unterstützt. Die Aussteifung in Längsrichtung übernimmt der Kopfbandträger.

Abbildung 070|4-34: Pfettendach mit einfach stehendem Stuhl – Querschnitt und Axonometrie

1	Sparren	3	Firstpfette	5	Massivdecke
2	Mauerbank	4	Kopfband	6	Stuhlsäule

Für Objekttiefen von 8 bis 10 m und einem relativ flachen Dachneigungswinkel bis 35 ° werden einfach stehende Dachstühle ausgeführt. Dabei werden die Sparren von der Firstpfette gestützt, die von einer Stuhlsäule getragen wird, welche wiederum die Kräfte weiterleitet, und zwar in die Massivdecke bzw. in die tragende Decke. Die sich dabei ergebende freie Sparrenlänge sollte 4,5 m nicht überschreiten. Eine weitere Voraussetzung für die Ausführung eines stehenden Dachstuhles ist das Vorhandensein einer massiven bzw. tragfähigen Decke, die die Lasten der Stuhlsäule übernimmt.

+ einfacher und daher auch kostengünstiger Aufbau möglich
+ keine komplizierten Knotenkonstruktionen
+ für jede Dachneigung verwendbar
– Da der Sparren nur als Einfeldträger wirkt und daher die Momentenbeanspruchung ungünstig ist, können auch keine großen Stützweiten ausgebildet werden.
– Lasten werden in der Mitte abgetragen, was zu einer ungünstigen Beanspruchung des Deckenbalkens führen kann, sofern keine Mittelmauer vorhanden ist.

Je mehr Konstruktionshölzer die Dachkonstruktion bilden, desto mehr Details sind zu lösen. Beim einfach stehenden Dachstuhl wird die Firstausbildung etwas aufwändiger als bei einem Kehlbalkendach bzw. einem Sparrendach. Gegen den seitlichen Lastangriff wie z. B. Wind können Sparrenpaare, die direkt gegenüber gesetzt werden, mittels „Zangen" verbunden werden.

Abbildung 070|4-35: Pfettendach mit einfach stehendem Stuhl – Firstdetail

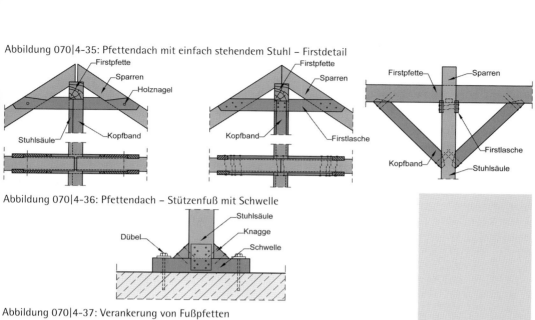

Abbildung 070|4-36: Pfettendach – Stützenfuß mit Schwelle

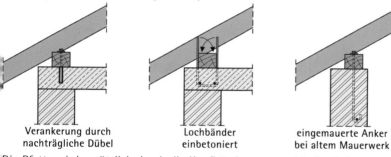

Abbildung 070|4-37: Verankerung von Fußpfetten

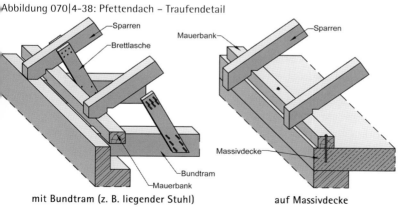

| Verankerung durch nachträgliche Dübel | Lochbänder einbetoniert | eingemauerte Anker bei altem Mauerwerk |

Die Pfette wird zusätzlich durch die Kopfbänder ausgesteift. Statisch gesehen bildet sie, je nach Länge des Daches, einen Mehrfeldträger. Ihre Durchbiegung ist umso geringer, je weiter entfernt die Kopfbänder von der Stuhlsäule gesetzt werden. Im Vergleich zu Sparrendächern sind die im Bereich des Sparrenfußes auftretenden Kräfte wesentlich geringer. Die Sparren liegen auf den Fußpfetten („Mauerbank") auf und sind mit diesen zu verankern.

Abbildung 070|4-38: Pfettendach – Traufendetail

mit Bundtram (z. B. liegender Stuhl)   auf Massivdecke

Der Sparren bildet einen schräg liegenden Einfeldträger, der aufgrund der Neigung neben der Biege- auch eine Normalkraftbeanspruchung erhält. Das feste Auflager ist am Sparrenfuß ausgebildet, sodass horizontale Kräfte im Traufenbereich eintreffen. Bei der Firstpfette kann man ein waagrecht verschiebliches Auflager annehmen. Dies bewirkt, dass die Firstpfette keine horizontalen Beanspruchungen aufweist. Zu beachten ist, und das gilt für alle nachfolgenden Pfettendachsysteme, dass eine Horizontalbeanspruchung des Sparrens durch die schräge Einbaulage vertikale Auflagerreaktionen verursacht. Die Firstpfette als Kopfbandträger ausgeführt verleiht dem Dach die nötige Längsstabilität. In Gespärreebene werden diese Stützen konstruktiv durch Zangen im Firstbereich gehalten, welche aber aus statischer Sicht keine Verbindung darstellen. Der Sparren wird somit ein Teil der Tragkonstruktion, sodass hier keine Entkoppelung vorhanden ist. Zusammengefasst sind nun die Sparren auf Biegung mit Normalkraft zu bemessen, die Firstpfette auf Biegung und die Stuhlsäule auf Normalkraft.

Bei horizontaler Beanspruchung wird der Sparren auch zu einem Teil der Tragkonstruktion.

Tabelle 070|4-07: statisches System und Schnittkräfte – Pfettendach mit einfach stehendem Stuhl [21]

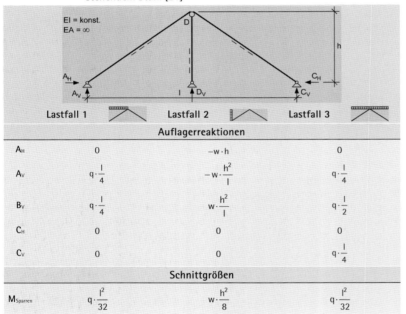

	Lastfall 1	Lastfall 2	Lastfall 3
Auflagerreaktionen			
A_H	0	$-w \cdot h$	0
A_V	$q \cdot \dfrac{l}{4}$	$-w \cdot \dfrac{h^2}{l}$	$q \cdot \dfrac{l}{4}$
B_V	$q \cdot \dfrac{l}{4}$	$w \cdot \dfrac{h^2}{l}$	$q \cdot \dfrac{l}{2}$
C_H	0	0	0
C_V	0	0	$q \cdot \dfrac{l}{4}$
Schnittgrößen			
$M_{Sparren}$	$q \cdot \dfrac{l^2}{32}$	$w \cdot \dfrac{h^2}{8}$	$q \cdot \dfrac{l^2}{32}$

Pfettendächer mit mehrfach stehendem Stuhl

070|4|3|2

Zusätzlich zum einfach stehenden Dachstuhl mit der Firstpfette werden Mittelpfetten ausgeführt. Wenn die Sparrenspannweite zwischen Fußpfette und Mittelpfette 4,5 m nicht überschreitet und sich die Sparren im First gegenseitig abstützen, kann sogar die Firstpfette entfallen. Bei mehrfach stehenden Dachstühlen sind mehr Pfetten vorhanden, damit verbunden steigt auch die Zahl der Stuhlsäulen und damit in der Regel die Belastung der Decke.

+ Sofern die Last der Unterstützungen durch Wände oder Stützen aufgenommen werden kann, sind diese Systeme auch geeignet, sehr große Flächen zu überdecken. In diesen Fällen ist aber die Dachneigung gering.

- + für alle Dachneigungen und Dachdeckungen einsetzbar
- + einfach und schnell aufzubauendes System
- − Die Weiterleitung der Stützenlasten muss gegeben sein, da Deckenbalken die Lasten meist nicht aufnehmen können. Eventuell sind Schwellen auszuführen, welche die Last auf mehrere Balken verteilen.
- − zahlreiche Stützen im Dachraum

Abbildung 070|4-39: Pfettendach mit doppelt stehendem Stuhl – Querschnitt und Axonometrie

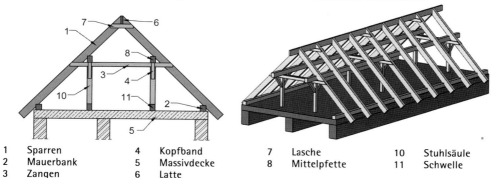

1	Sparren	4	Kopfband	7	Lasche	10	Stuhlsäule
2	Mauerbank	5	Massivdecke	8	Mittelpfette	11	Schwelle
3	Zangen	6	Latte				

Abbildung 070|4-40: Pfettendach mit dreifach stehendem Stuhl – Querschnitt und Axonometrie

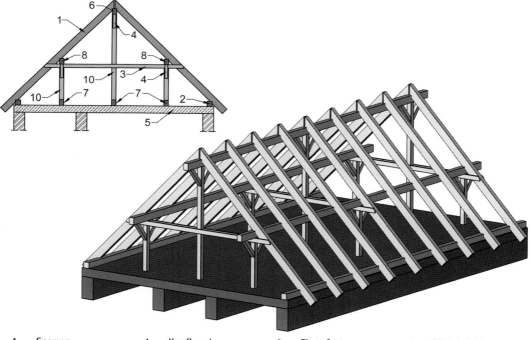

1	Sparren	4	Kopfband	6	Firstpfette	8	Mittelpfette
2	Mauerbank	5	Massivdecke	7	Schwelle	10	Stuhlsäule
3	Zangen						

Die Anzahl der Pfetten und der Stuhlsäulen wird durch die Größe des Daches bestimmt. Weiters kommt als Nachteil hinzu, dass das Dach von der Decke getragen wird. Jede Säule bedeutet eine Punktbelastung für die Decke, was die

Ausführung der Decke stark beeinflusst. Die Mittelpfetten liegen auf den Stuhlsäulen auf. Um horizontale Kräfte auch ableiten zu können, werden die Sparren durch Zangen verbunden.

Abbildung 070|4-41: Pfettendach mit doppelt stehendem Stuhl – Detail Mittelpfette

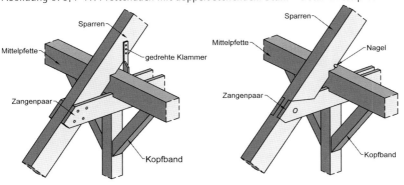

Abbildung 070|4-42: Pfettendach mit vierfach stehendem Stuhl – Querschnitt und Axonometrie

1	Sparren	4	Kopfband	7	Lasche	10	Stuhlsäule
2	Mauerbank	5	Massivdecke	8	Mittelpfette	11	Schwelle
3	Zangen	6	Latte				

Grundsätzlich ist festzulegen, ob es sich bei dem gewählten Stuhl um eine Form mit gerader oder ungerader Anzahl von Zwischenstützen handelt. Bei Systemen mit einer geraden Anzahl von Stützen gibt es keine Firstpfette. Die Sparren kragen dann über der letzten Unterstützung aus und werden knapp über den obersten Pfetten durch Zangen konstruktiv gehalten und in ihrer Lage gesichert. Alternativ kann im Firstbereich auch eine Richtlatte oder ähnliches angeordnet sein, welche die Ausbildung eines geraden Firstes sicherstellen soll, aber keine statische Funktion übernimmt.

Abbildung 070|4-43: Pfettendach mit doppelt stehendem Stuhl – Firstdetail

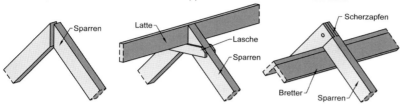

Es ist auch möglich, den Dachstuhl ohne Firstpfette auszuführen. Dabei darf der Abstand von Mittelpfette bis zum First das 0,4-fache der Länge von Fußpfette bis zur Mittelpfette nicht überschreiten.

Die Standsicherheit in Gespärreebene wird durch den Stuhl, in Gebäudelängsrichtung durch Kopfbänder sichergestellt. Nur bei sehr flach geneigten Dächern ist in Längsrichtung ein Verband einzubauen, da der Platz für die Ausbildung des Kopfbandträgers fehlt.

Tabelle 070|4-08: statisches System und Schnittkräfte – Pfettendach mit doppelt stehendem Stuhl [21]

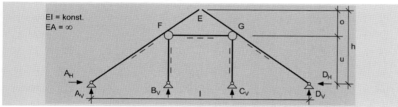

Abgestrebte Pfettendächer

Bei Pfettendächern mit mehrfach stehendem Stuhl besteht die Möglichkeit, diese dahingehend zu verändern, dass zumindest in den äußersten Feldern schräg liegende Streben eingebaut werden. Dieses Dach ist ohne große Zusatzmaßnahmen auch mit einem Drempel ausführbar, da der Sparren nur vertikale Kräfte am Fußpunkt überträgt.

+ einfache Ausbildung eines Drempels
+ völlige Entkopplung des Sparrens vom Tragsystem des Dachstuhles
+ der Dachstuhl kann (wie auch bei der Berechnung durchgeführt) nur mit Druckverbindungen hergestellt werden
– größerer Holzverbrauch sowie ein etwas größerer Arbeitsaufwand
– Stützen im Dachraum
– Mittlere Auflager müssen vorhanden sein.

Prinzipiell ist auch in diesem Fall der Einsatz auf Wohnhäuser und Gebäude mit kleinerer Trakttiefe beschränkt, die in diesem Fall entweder eine tragfähige Decke aufweisen oder über innere tragende Wände verfügen müssen. Die Gesamtstützweite kann bis zu 14 m betragen. Die Dachneigung sollte wegen des Einbaues der schrägen Streben nicht zu flach gewählt werden. Alle Dachformen und Gebäudegrundrisse sowie Deckungsarten sind möglich.

Wichtig ist die Ausbildung der Streben, welche hier auf Druck beansprucht werden. Sie werden mittels Versatz mit den angrenzenden Hölzern verbunden. Bei einer Holzbalkendecke kann dies direkt erfolgen, im Falle einer Massivdecke wird eine Schwelle angeordnet, um eine Holz-zu-Holz-Verbindung zu ermöglichen. Ein wesentlicher Unterschied zum Hängewerk besteht in der Tatsache, dass die Fußpunkte der senkrechten Steher mit Schwebezapfen auszubilden sind, um nur eine horizontale Unverschieblichkeit zu gewährleisten.

Abbildung 070|4-44: abgestrebtes Pfettendach mit doppelt stehendem Stuhl – Querschnitt und Axonometrie

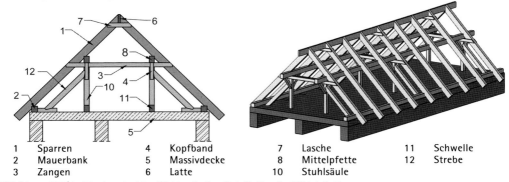

1	Sparren	4	Kopfband	7	Lasche	11	Schwelle
2	Mauerbank	5	Massivdecke	8	Mittelpfette	12	Strebe
3	Zangen	6	Latte	10	Stuhlsäule		

Abbildung 070|4-45: abgestrebtes Pfettendach – Details Traufe, Mittelpfette

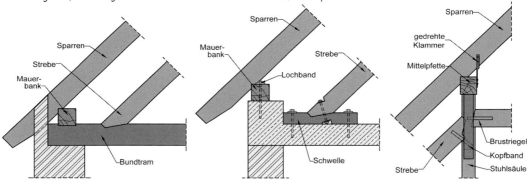

(Strebe = Stuhlsäule bei liegendem Stuhl)

Für den Sparren ergibt sich aufgrund der Abstrebungen des Dachstuhles ein festes Auflager bei der oberen Pfette. Dies bedeutet aber auch gleichzeitig, dass am Sparrenfuß kein Horizontalschub auftritt, was besonders bei der Ausbildung von Drempelwänden von großem Vorteil ist. Ebenso muss die Mauerbank nicht so fest mit der Deckenkonstruktion verbunden werden.

Tabelle 070|4-09: statisches System und Schnittkräfte – Pfettendach mit abgestrebtem, doppeltem Stuhl [21]

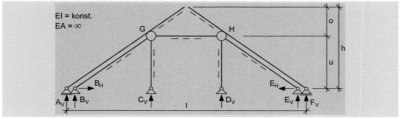

Das Sparrensystem ist nach wie vor ein Einfeldträger mit Kragarm. Der Dachstuhl an sich bildet durch die zusätzlich eingebauten Streben ein in Gespärreebene stabiles System, sodass auf die Mitwirkung der Sparren verzichtet werden kann. In Gebäudelängsrichtung übernimmt die Aussteifung die Kopfbandträgerkonstruktion.

Pfettendächer mit liegenden Stühlen

070|4|3|4

Diese Art der Pfettendächer stellt eigentlich die klassische Form eines Sprengwerkes dar. Der Aufbau ist dem Gespärre eines abgestrebten Pfettendaches mit doppelt stehendem Stuhl recht ähnlich, wenn zusätzlich zwischen Zange und Stütze ein Kopfband angeordnet ist und die Stuhlsäulen schräg gestellt werden. Diese Bauform wird sehr gerne angewandt, wenn Mansardendächer ausgebildet werden sollen, aber ebenso bei Anordnung von Drempelwänden. Es können nur Dächer ab einer Neigung von ca. 30 ° wirtschaftlich hergestellt werden, weil diese Bauform eine gewisse Bauhöhe erfordert. Als Stützweite können bei doppelten Stühlen bis zu 14 m zur Ausführung kommen.

+ keine Stützen im Dachraum
+ im Verhältnis zum umbauten Raum ein relativ geringer Holzverbrauch
+ gut geeignet für Drempel und Mansardendachkonstruktionen
+ nur vertikale Auflagerkräfte am Sparrenfußpunkt
– Auftretende Auflagerschubkräfte müssen abgeleitet werden.
– Alle Verbindungen müssen zug- und druckfest ausgebildet werden.

Abbildung 070|4-46: Pfettendach mit einfachem liegendem Stuhl – Querschnitt und Axonometrie

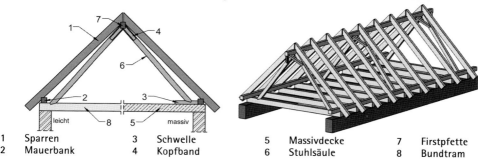

1	Sparren	3	Schwelle	5	Massivdecke	7	Firstpfette
2	Mauerbank	4	Kopfband	6	Stuhlsäule	8	Bundtram

Abbildung 070|4-47: Pfettendach mit doppeltem liegendem Stuhl – Querschnitt und Axonometrie

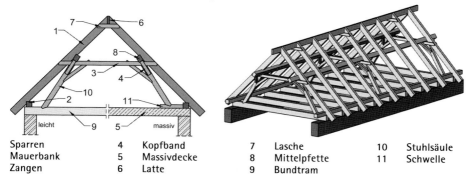

1	Sparren	4	Kopfband	7	Lasche	10	Stuhlsäule
2	Mauerbank	5	Massivdecke	8	Mittelpfette	11	Schwelle
3	Zangen	6	Latte	9	Bundtram		

Pfettendächer mit liegendem Stuhl werden dann verwendet, wenn eine Abtragung der Lasten auf die Unterkonstruktion nicht erfolgen kann, d. h. die Decke in der Dachgeschoßebene nicht ausreichend belastbar ist oder ein

Freiraum geschaffen werden soll. Statisch übernehmen die Streben des Stuhls Lasten der Firstpfette. Die Pfette selbst wird vertikal eingebaut und durch Kopfbänder in der Ebene des schrägen Stuhls unterstützt.

Abbildung 070|4-48: Pfettendach mit einfachem liegendem Stuhl – Details First

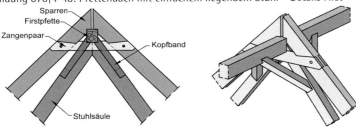

Für das Tragsystem des doppelt liegenden Stuhles kann ein Zweigelenkrahmen mit schrägen Stielen angenommen werden. Dies bedeutet, dass der Riegel in diesem Fall eine Momentenbeanspruchung erfährt. Das Moment im Eck wird durch die Eckstreben aufgenommen, welche je nach Beanspruchungsart Zug oder Druck übertragen. Horizontalkräfte aus der Dachhaut werden in die horizontal angeordneten Zangen oder den Brustriegel geleitet. Die Strebe, die gegengleich zur Zange einteilig oder zweiteilig ausgeführt wird, ist mit der Stuhlsäule und mit den Zangen bzw. dem Brustriegel kraftschlüssig zu verbinden.

Das Tragsystem des doppelt liegenden Stuhles kann als Zweigelenkrahmen angenommen werden.

Abbildung 070|4-49: Pfettendach mit doppeltem liegendem Stuhl – Details Pfette

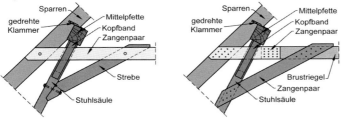

Bockpfettendachstuhl

070|4|3|5

Der Bockpfettendachstuhl stellt eine Sonderform des doppelt unterstützten Pfettendaches dar, bei dem sich die Fußpunkte der Unterstützungen in der Symmetrieachse in einem Punkt treffen. Somit liegen die Streben schräg im Raum, ebenso die Ebenen, welche die Pfetten mit den Kopfbändern bilden.

Abbildung 070|4-50: Pfettendach mit Bockpfettenstuhl – Querschnitt und Axonometrie

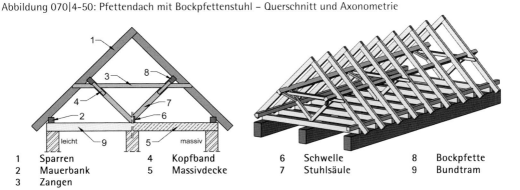

1	Sparren	4	Kopfband	6	Schwelle	8	Bockpfette
2	Mauerbank	5	Massivdecke	7	Stuhlsäule	9	Bundtram
3	Zangen						

Dieses System ist hervorragend dazu geeignet, um zweischiffige Hallen mit kleinen Stützweiten, aber auch Wohnhäuser mit einer Mittelmauer zu überspannen. Die Gesamtstützweite kann bis zu 12 m betragen, die Dachneigung sollte nicht zu flach gewählt werden, da sonst der Einbau der schrägen Kopfbandkonstruktion nicht mehr erfolgen kann.

+ einfache Montage und Konstruktion wie bei den meisten Pfettendächern
+ vor allem gegen horizontale Einflüsse sehr stabiles System, welches die Kräfte nie über die Symmetrieachse weiterleitet
− Die gesamte Kopfbandkonstruktion wird schräg eingebaut. Es treten daher Kräfte in den einzelnen Verbindungen auf (wenn sie auch sehr klein sind), für die sie nicht konstruiert sind, sodass Risse im Holz durchaus entstehen können.
− schräg liegende Hölzer im Dachraum
− etwas ungewöhnliche und daher auch nicht sehr alltägliche Konstruktion
− Mittleres Auflager muss vorhanden sein.

Abbildung 070|4-51: Pfettendach mit Bockpfettenstuhl – Detail Pfettenanschluss

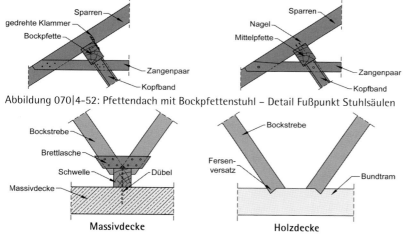

Abbildung 070|4-52: Pfettendach mit Bockpfettenstuhl – Detail Fußpunkt Stuhlsäulen

Das Tragverhalten ist dem des zweistieligen Pfettendaches sehr ähnlich. Dennoch gibt es einige Unterschiede, weshalb sich der Bockpfettendachstuhl als eigene Konstruktion behaupten konnte. Bei vollkommen symmetrischer Belastung erhält das Mittelauflager nur vertikale Kräfte, wohingegen bei unsymmetrischen Fällen Horizontalschub auftritt. Der Sparren bildet mit den Stützen das in Gespärreebene aussteifende Dreieck, sodass zumindest im unteren Sparrenbereich mit Druckkräften zu rechnen ist und ein festes Sparrenauflager wie beim Sparrendach erforderlich wird. Die eingebauten Zangen dienen, wie bei den meisten Pfettendachkonstruktionen, nur zur Formstabilisierung. Eine Sonderform, die auch gerne ausgeführt wird, besteht darin, dass die Abstrebungen rechtwinkelig zur Dachebene verlaufen, sodass auch die Pfetten nur eine einachsige Beanspruchung erfahren.

Hängewerke

070|4|3|6

Besteht für die Stuhlsäulen keine Möglichkeit zur Lastabtragung auf die darunter liegende Decke oder sind Deckenlasten ins Dachtragwerk hoch zu hängen, besteht die Möglichkeit der Ausbildung von Hängewerken. Im Gegensatz zu den Sprengwerken sind Hängewerke geschlossene statische Systeme. Wegen des heute fast ausschließlichen Einsatzes von Massivdecken, bei denen einzelne Punktlasten aus dem Dachtragwerk problemlos aufnehmbar sind, werden Hängewerke kaum mehr ausgeführt.

+ Eine Unterstützung des Deckenbalkens ist ohne Einschränkung des unter der Decke liegenden Raumes möglich.
+ Die Abmessungen des Deckenbalkens können verkleinert werden.
+ Bis auf die Aufhängung des Balkens sind alle Verbindungen auf Druck beansprucht.
+ Durch Deckenlasten werden keine horizontalen Auflagerkräfte erzeugt.
– zusätzliche Konstruktion im Dachraum
– beschränkte Stützweite wegen der Knicksicherheit der Streben
– Der Deckenbalken wird auf Zug beansprucht.

Abbildung 070|4-53: einfaches Hängewerk – Querschnitt und Axonometrie

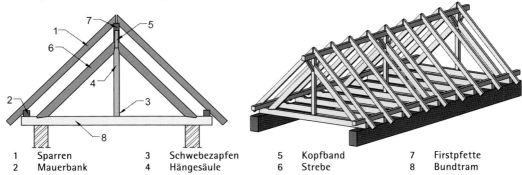

| 1 | Sparren | 3 | Schwebezapfen | 5 | Kopfband | 7 | Firstpfette |
| 2 | Mauerbank | 4 | Hängesäule | 6 | Strebe | 8 | Bundtram |

Abbildung 070|4-54: doppeltes Hängewerk – Querschnitt und Axonometrie

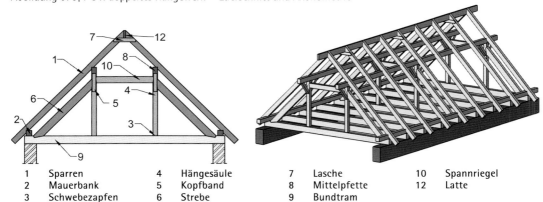

1	Sparren	4	Hängesäule	7	Lasche	10	Spannriegel
2	Mauerbank	5	Kopfband	8	Mittelpfette	12	Latte
3	Schwebezapfen	6	Strebe	9	Bundtram		

Ein Hängewerk entspricht vom Aussehen her einem abgestrebten Pfettendach. Jedoch gibt es wesentliche Unterschiede. Die Streben sind parallel zu den Sparren angeordnet und die Stuhlsäule ist mit dem Bundtram verbunden. Ein Hängewerk kommt dann zur Anwendung, wenn die Spannweite des Daches 6 m überschreitet und die Stuhlsäule nicht auf eine massive bzw. tragende Decke aufgelegt werden kann sowie keine Aufnahme größerer Schubkräfte im Auflagerbereich möglich ist. Die Stuhlsäule wird durch die Streben an ihrem oberen Ende gehalten und am unteren Ende der Bundtram daran aufgehängt, wodurch sie zu einem Zugelement umfunktioniert wird.

Abbildung 070|4-55: statische Systeme Hängewerke

Abbildung 070|4-56: einfaches Hängewerk – Details Traufe, Hängesäule

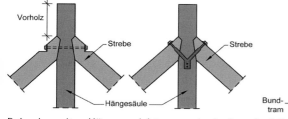

Beim doppelten Hängewerk ist gegen das Ineinanderfallen der Mittelpfetten ein Brustriegel (auch als Spannriegel bezeichnet) eingesetzt. Die Streben und der Brustriegel eines Hängewerkes werden immer auf Druck belastet, damit ist der Nachweis der Knickung von großer Bedeutung.

Abbildung 070|4-57: doppeltes Hängewerk – Details Brustriegel, Hängesäule

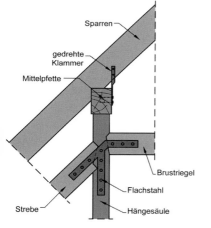
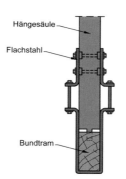
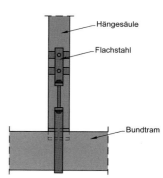

Sprengwerke

070|4|3|7

Sprengwerke leiten die vertikalen Kräfte über Druckstreben und Druckriegel in die darunter liegende Decke. Der Vorteil liegt in der Freihaltung der obersten Geschoßdecke von Vertikalbelastungen.

Die Strebe, der Brustriegel und die Zangen bilden statisch einen Gewölbebogen, der mittels Druckkräften die Vertikallasten der Mittelpfetten aufnimmt und an die Auflagerpunkte ableitet. Die Anschlusspunkte sind mit zimmermannsmäßigen Verbindungen auf Kontaktpressung, vorzugsweise durch Versatzungen, auszuführen. Die Stuhlsäule, die beim Hängewerk als Zugelement wirkt, kann unterhalb der Kopfbänder mit entsprechender Vorholzlänge abgeschnitten werden. Die Verbindung wird in ihrer Gesamtheit durch seitlich montierte Bandeisen gegen allfällige Zugkräfte bzw. konstruktiv gesichert.

Abbildung 070|4-58: Sprengwerk – Querschnitt und Axonometrie

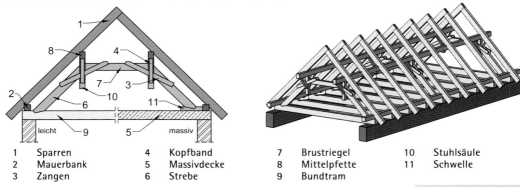

1	Sparren	4	Kopfband	7	Brustriegel	10	Stuhlsäule
2	Mauerbank	5	Massivdecke	8	Mittelpfette	11	Schwelle
3	Zangen	6	Strebe	9	Bundtram		

Abbildung 070|4-59: Sprengwerk – Details Traufe, Pfettenanschluss

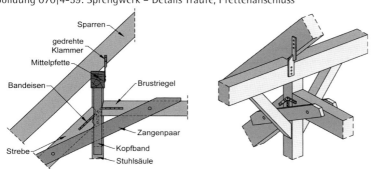

Das statische System des Sprengwerks ist zweiteilig. Das Haupttragsystem wird durch das Sprengwerk, dessen schräg zu den Auflagerpunkten laufenden Streben, dem Brustriegel und den Zangen gebildet. Das Sprengwerk hat einen Systemabstand von 4 bis 5 m. Dazwischen wird im oberen Eckpunkt der Strebe und des Brustriegels die Mittelpfette aufgelagert. Diese trägt die äußere Umhüllende des Dachtragwerks, die Sparren. Die Sparren sind als schräg liegende Träger auf zwei Stützen, mit dem einen Auflager auf der Mauerbank und dem anderen Auflager auf der Mittelpfette, zu dimensionieren.

Pultdächer

070|4|4

Das Pfettendach bietet die Möglichkeit, flache Dächer bis hin zum Flachdach auszuführen. Die einfachsten Formen von Pfettendächern sind das Flachdach und das Pultdach.

Abbildung 070|4-60: Flachdach und Pultdach in Pfettendachkonstruktion

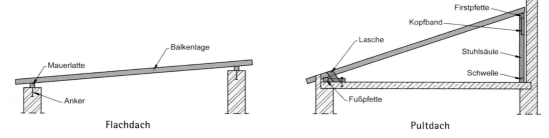

Ab Sparrenlängen von 4,50 m ist die Anordnung einer Mittelpfette erforderlich, bei noch größeren Spannweiten werden Sprengwerke ausgeführt. Der Sparren übernimmt grundsätzlich die Lasten der Dachkonstruktion und leitet sie in die Fuß-, First- und Mittelpfette weiter. Wie bei den Pfettendächern können bei den Pultdächern auch Konstruktionen mit einfach stehendem Stuhl, mit liegendem Stuhl und mit Hängewerken sowie mit noch zahlreichen anderen Konstruktionsformen konzipiert werden.

Abbildung 070|4-61: einfaches Pultdach – Querschnitt und Axonometrie

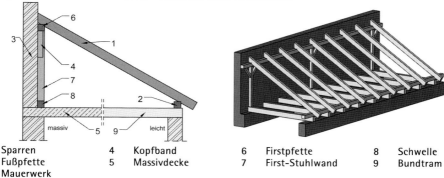

1	Sparren	4	Kopfband	6	Firstpfette	8	Schwelle
2	Fußpfette	5	Massivdecke	7	First-Stuhlwand	9	Bundtram
3	Mauerwerk						

Abbildung 070|4-62: Pultdach mit einfach stehendem Stuhl – Querschnitt und Axonometrie

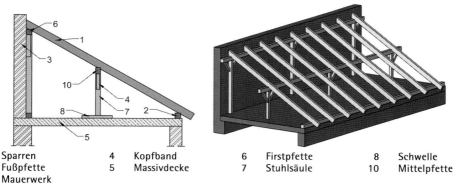

1	Sparren	4	Kopfband	6	Firstpfette	8	Schwelle
2	Fußpfette	5	Massivdecke	7	Stuhlsäule	10	Mittelpfette
3	Mauerwerk						

Abbildung 070|4-63: Pultdach mit liegendem Stuhl – Querschnitt und Axonometrie

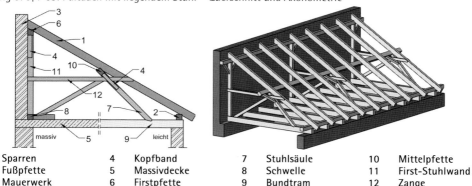

1	Sparren	4	Kopfband	7	Stuhlsäule	10	Mittelpfette
2	Fußpfette	5	Massivdecke	8	Schwelle	11	First-Stuhlwand
3	Mauerwerk	6	Firstpfette	9	Bundtram	12	Zange

Hinsichtlich der Detailausbildung bestehen bei Pultdächern keine Unterschiede zu den Pfettendächern. Bei der Ausbildung des Firstes ist grundsätzlich zu unterscheiden, ob die Außenwand über die Dachfläche hochgeführt wird (meist im städtischen Bereich aus Brandschutzgründen erforderlich) oder die Dachfläche die Wandkonstruktion abdeckt. In beiden Fällen wird entlang des Firstes eine Pfette situiert und die Wandkonstruktion wie eine Giebelwand in der Dachkonstruktion verankert.

Abbildung 070|4-64: Pultdach mit Hängewerk – Querschnitt und Axonometrie

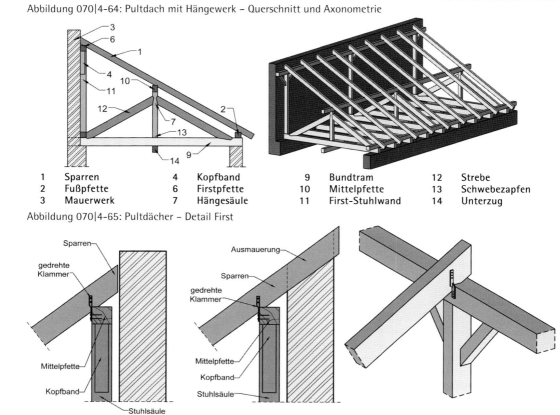

1	Sparren	4	Kopfband	9	Bundtram	12	Strebe
2	Fußpfette	6	Firstpfette	10	Mittelpfette	13	Schwebezapfen
3	Mauerwerk	7	Hängesäule	11	First-Stuhlwand	14	Unterzug

Abbildung 070|4-65: Pultdächer – Detail First

Zeltdächer

Zeltdächer sind Walmdächer ohne First, deren Grate sich in einem Punkt, der Spitze des Daches, treffen. Die mittlere Stuhlsäule wird als „Kaiserstiel" bezeichnet. Bei größeren Dachneigungen werden die Zeltdächer zu Turmdächern.

Die Lastabtragung erfolgt über die Normalkraft im „Kaiserstiel". Die Stuhlsäule ist dabei entweder unten durch die Unterkonstruktion der Decke abgestützt oder bei frei gespannten Zeltdächern in ein Hängewerk integriert. Die Gratsparren sind das Haupttragelement des Zeltdaches und verbinden die Eckpunkte der Traufe mit dem Firstpunkt. Die Dachlasten werden von in Fallrichtung angeordneten Sparren im Abstand von 80 bis 100 cm, die auf der Mauerbank (Fußpfette) und den Gratsparren aufliegen, abgeleitet. Bei größeren Sparrenlängen wird der Einbau einer Mittelpfette oder die Anordnung von Kehlbalken sinnvoll.

Abbildung 070|4-66: Zeltdach mit Kaiserstiel und Kniestock [1]

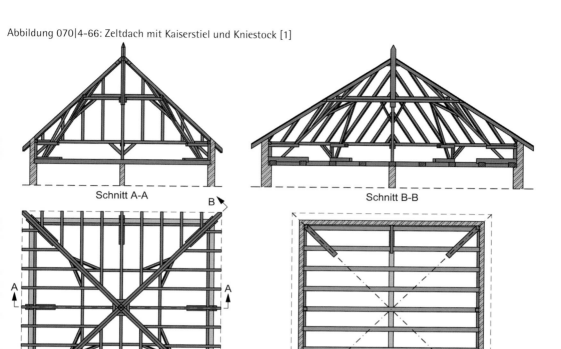

Schnitt A-A

Schnitt B-B

Sparrenlage

Balkenlage

Mansardendächer

Mansardendächer (auch: Mansarddächer) werden durch die geknickten Dachflächen hauptsächlich für ausgebaute Dachgeschoße herangezogen. Einige Jahre lang hat diese Dachform auch den Baustil in Österreich bei Ein- und Zweifamilienhäusern geprägt.

Abbildung 070|4-67: Mansardendachkonstruktionen – Details Knickpunkt

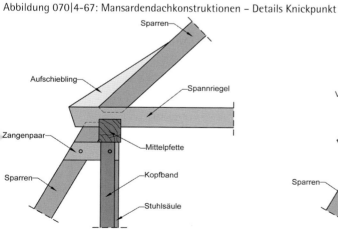

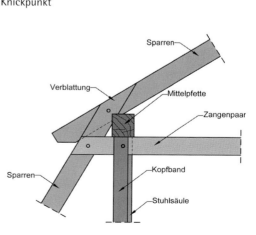

Bei historischen Gebäuden ist diese nach dem französischen Baumeister Jules Hardouin-Mansart (1646-1708) benannte Dachform sehr oft anzutreffen. Sie besteht aus zwei übereinander liegenden Dächern, wobei sowohl Sparren- als auch Pfettendächer mit stehendem oder liegendem Stuhl ausführbar sind. Der untere Teil ist die trapezförmige Mansarde, die meist eine Neigung von 60 bis 65° aufweist. Der obere Teil ist ein dreieckförmiger Aufbau mit einer Neigung von 35 bis 45°. Nutzt man auch den oberen dreieckförmigen Teil des Daches als belasteten Zwischenboden, so sollte man ihn als Sparrendach ausführen, wobei dann der Vorteil besteht, dass sich im Vergleich zur Pfetten-dachkonstruktion keine Stützen im Dachraum befinden. Heute wird das Mansardendach aus brandschutztechnischen Gründen häufig in Massiv-bauweise mittels Sargdeckelkonstruktion hergestellt.

Abbildung 070|4-68: Mansardendachkonstruktionen – Querschnitte

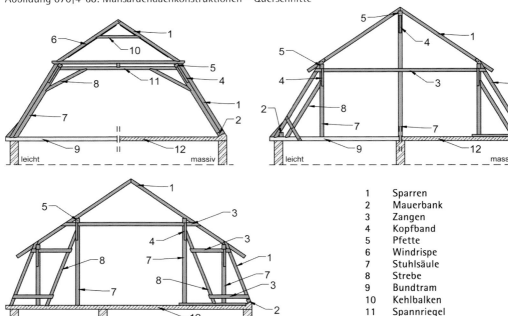

1	Sparren
2	Mauerbank
3	Zangen
4	Kopfband
5	Pfette
6	Windrispe
7	Stuhlsäule
8	Strebe
9	Bundtram
10	Kehlbalken
11	Spannriegel
12	Massivdecke

Werksatz

070|4|7

Der Produktionsprozess eines Zimmereifachbetriebes erfordert genaue Zuschnitt- und Abbundpläne der herzustellenden Dachkonstruktion. Die Abbundpläne werden dabei in Form eines „Werksatzes" dargestellt. Der Werksatz ist ein Grundrissplan im Maßstab 1:50 oder größer und wird auf den Polier- und Ausführungsplänen des Architekten oder des Tragwerksplaners aufgebaut. Früher händisch erstellt, heute standardisiert in CAD-Abbundprogrammen, ist der Werksatz das notwendige Instrument für den Abbund. „Der Zimmermann ist ein Handwerker, der durch staunenswerte Geschicklichkeit und Handfertigkeit sowie durch ein außerordentliches Vorstellungsvermögen, reiche Erfahrung und Begabung für darstellende Geometrie die rasche Auffassungsfähigkeit besitzt, die schwierigen Verschnitte, Grate, Verklauungen, Überblattungen etc. zu verstehen und in die Tat umzusetzen." Der Werksatz als Konstruktionszeichnung des Zimmermanns definiert zunächst in Grundriss und Schnitt die Dachkonstruktion. Ergänzende Details in einem größeren Maßstab zeigen dann z. B. den Gratsparrengrundriss zur Ermittlung der Schiftergrundmaße, die Sparrenlagen und Teilsparrenlagen, sämtliche Kehlbalken, Auswechslungen, Querhölzer und Druckstäbe. Im Werksatz sind neben dem generellen Überblick über die Holzkonstruktion auch die für die Ausführung relevanten Details und Anschlussknoten dargestellt.

Abbildung 070|4-69: Werksatz – Grundriss und Schnitte

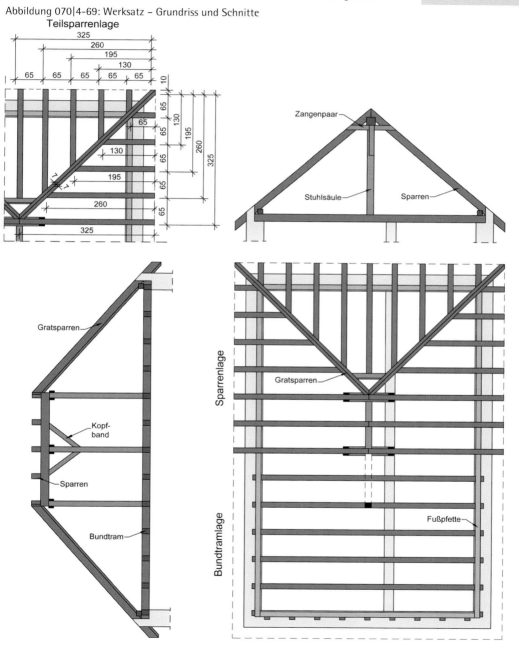

Sonderformen

Sonderformen zur Bildung eines Dachstuhls können sowohl zimmermannsmäßige als auch ingenieurmäßige Konstruktionen sein, wobei nicht ausschließlich der Baustoff Holz das maßgebende Konstruktionselement bildet, sondern vielfach dem Stahl tragende Funktionen zugewiesen werden. Massivkonstruktionen aus Beton, Stahlbeton oder Spannbeton werden in diesem Band nicht behandelt.

Speziell für größere Spannweiten von Pfetten und Sparren muss bei Sonderkonstruktionen entweder auf die Konstruktionselemente des Stahlbaues oder auf mehrteilige und/oder zusammengesetzte Trägersysteme aus Holz zurückgegriffen werden. Diese können Fachwerkträger, Wellstegträger, Vollwandträger oder auch Brettschichtholzkonstruktionen sein.

Fachwerkkonstruktionen

Fachwerkkonstruktionen werden als Dachstühle im Hallenbau verwendet. In der Historie sind Nagelbinder und zusammengesetzte Fachwerkbinder gebaut worden. Das Tragsystem eines Fachwerkes setzt sich aus einzelnen Stabwerken – wobei immer drei Stäbe durch eine gelenkige Verbindung zu einem Dreieck, dem „Fach", verbunden sind – zusammen. Als Konstruktionsgrundsätze für Fachwerke gelten, dass die Stäbe gelenkig miteinander verbunden sind und sich die Systemlinien möglichst in einem Punkt schneiden sollen (siehe Band 2: Tragwerke [13]).

Für die Fachwerkstäbe kann Holz – als Vollholz oder Brettschichtholz – sowie Stahl für Zugstäbe in Form von Gewindestangen, Flach- oder Rundstahl oder als Profilstahl zum Einsatz kommen. Die Verbindungsmittel sind aus Stahl in Form von Nägeln, Dübeln und Bolzen sowie Knotenblechen und Platten.

Für das Fachwerk kann Holz – als Vollholz oder Brettschichtholz – oder Stahl meist für Zugstäbe eingesetzt werden.

Abbildung 070|5-01: Fachwerkträger aus Brettern – Verbindungen genagelt

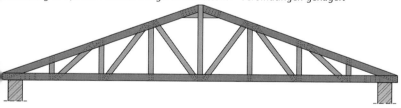

Abbildung 070|5-02: Fachwerkträger aus Vollholz – Verbindungen mit Dübeln

Für Spannweiten zwischen 10 und 30 m gelten Fachwerkträger als besonders wirtschaftlich, die einfachste Form – bis zu einer Spannweite von 15 m – ist dabei der genagelte Fachwerkträger.

Abbildung 070|5-03: Fachwerkträger aus Vollholz mit Zugstangen

Abbildung 070|5-04: Fachwerkbinder mit gebogenem Obergurt

Speziell in älteren Lehrbüchern finden sich beispielsweise unter den Kapiteln „Dächer aus Holz und Eisen" Konstruktionsformen, die die Grundsätze des optimierten Konstruierens durch eine klare Materialverwendung – Druckglieder aus Holz, Zugglieder aus Eisen – widerspiegeln.

Ausgehend vom statischen System des Sparrendaches sind durch Verstärkung der Sparren und Aufnahme der Horizontalkräfte im Traufenbereich über Zugbänder (geschlossenes statisches System) einfache und kombinierte Fachwerkkonstruktionen möglich. Für die Sparren werden dabei Gitterträger oder unterspannte Balken eingesetzt. Auch bei historischen Gebäuden mit großen Spannweiten wurden schon dazumal Fachwerkkonstruktionen als Dachstühle ausgeführt.

Das statische System des Sparrendaches ist auch mit Gitterträgern oder unterspannten Balken lösbar.

Abbildung 070|5-05: Sparrendachsysteme mit Sondersparren

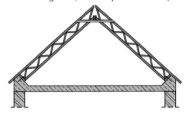
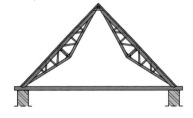

Gitterträger   unterspannter Balken

Konstruktionen aus Brettsperrholz

070|5|2

Das Produkt Brettsperrholz besteht aus kreuzweise verleimten Brettern die zu linienförmigen Platten mit Breiten von rund 2,5 m und Längen bis zu 12 m gefertigt werden. Die Holzplatten haben Tragfähigkeiten in zwei Achsrichtungen. Für die Konstruktion von vielfältigen und beliebigen Dachformen ist diese zweiachsige Tragwirkung besonders hilfreich. Die Brettsperrholzplatten werden entsprechend den Anforderungen aus der Architektur zugeschnitten und linienförmig oder punktförmig gestützt. Der Kreativität in der Gestaltung ist fast keine Grenze gesetzt, einfache Dachflächen bis modern und ansprechende Faltwerkkonstruktionen sind herstellbar.

Durch die zweiachsige Tragwirkung von Brettsperrholz sind beliebige Dachformen möglich.

Die Brettsperrholzplatten werden nach den gewählten statischen Systemen dimensioniert, unterstützende Software wird von den Herstellerfirmen angeboten. Die im Dachbereich üblichen Plattendicken betragen etwa 10 bis 14 cm, bei 5- bis 7-lagigem Schichtaufbau. Ein ansprechendes Erscheinungsbild ist erreichbar, wenn Brettsperrholzplatten mit sichtbarer Untersicht eingesetzt werden. Dabei ist der Brandschutz mittels Abbrandberechnung nachzuweisen bzw. sind in ÖNORM B 1995-1-2 Bauteilaufbauten angegeben, die ohne vertiefter Nachweisführung einer Brandwiderstandsklasse zugeordnet werden dürfen.

Ein weiterer Aspekt für den Einsatz von Brettsperrholzplatten ist die Steifigkeit in Plattenebene. Im Dachbereich sind die BSP Elemente in der Regel ausreichend, um die Kräfte aus Aussteifung und Wind aufnehmen und weiterzuleiten zu können.

Beispiel 070|5-01: Dachkonstruktion aus Brettsperrholz – Rohbau und Ausbau

Konstruktionen aus Stahl

070|5|3

Reine Stahlkonstruktionen finden sich auch bei historischen Bauwerken und können aus Fachwerkträgern unterschiedlichster Ausbildung bestehen oder werden, wie für Dachgeschoßausbauten häufig angewendet, aus Rahmensystemen mit Stahlprofilen gebildet.

Beispiel 070|5-02: historische Stahldachstühle – Stephansdom, Michaelerkuppel – Wien

Zwischen den Stahlrahmen als Haupttragsystem im Abstand von 3 bis 5 m werden Holzkonstruktionen wie Pfetten oder Sparren eingeschoben oder aufgesetzt. Die Stahlrahmen – vorwiegend HEA- und HEB-Profile mit Bauhöhen von 200 bis 300 mm – werden in Teilen geliefert und mittels Montagestößen biegesteif oder gelenkig zum Stahltragwerk verbunden. Im Regelfall kann eine Schweißung auf der Baustelle entfallen, wodurch bereits korrosionsgeschützte Oberflächen der Stahlprofile nicht mehr zerstört werden.

Stahlkonstruktionen können auch mit fertigen Elementen aus Stahl oder Holz eingedeckt werden. Hierbei bleibt die tragende Stahlkonstruktion sichtbar und

Stahlkonstruktionen wurden früher aus Fachwerken und derzeit üblicher mit Rahmensystemen hergestellt.

ist mit einem Brandschutzanstrich oder einer Verkleidung aus Brandschutz-platten zu schützen. Für den Bauablauf ist eine Deckung mit Großflächen-elementen wegen der beschleunigten Baugeschwindigkeit vorteilhaft. Die Elemente, deren Geometrie beliebig ausführbar ist, weisen im Regelfall Breiten bis 2,50 m und Längen bis 10 m auf.

Beispiel 070|5-03: Stahlrahmentragsystem – ausgebautes Dachgeschoß

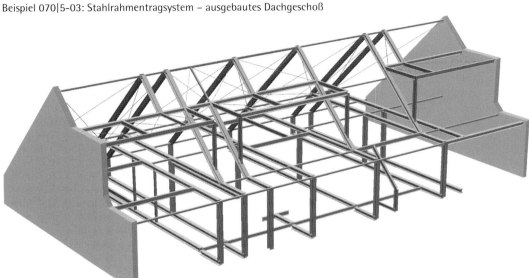

Projekt: 1040 WIEN – Hollinsky & Partner ZT GmbH.

Beispiel 070|5-04: räumliches Stahlrahmentragsystem auf Stahlträgerrost

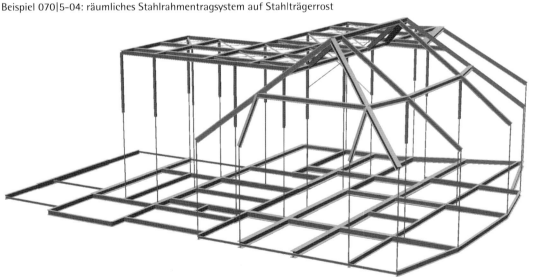

Projekt: 1010 WIEN – Dr. PECH Ziviltechnikergesellschaft mbH

Bild 070|5-01

Bild 070|5-02

Hallen aus Leimbindern
Ansicht – gebogene Holzleimbinder

Bild 070|5-01
Bild 070|5-02

Bild 070|5-03

Bild 070|5-04

Holzleimbinder für ein gewelltes Hallendach
punktförmig gestützter Pfettenkranz

Bild 070|5-03
Bild 070|5-04

Bild 070|5-05

Bild 070|5-06

Dreigelenkbogen in Fachwerkbauweise mit *BSB*-Systemknoten für weitgespanntes Hallendach
mehrfach gekrümmte Dachschale aus netzartig situierten Holzleimbindern

Bild 070|5-05
Bild 070|5-06

Bild 070|5-07

Bild 070|5-08

Dachgeschoßausbau Stahl-Holz-Konstruktion – Übersicht
Dachgeschoßausbau Stahl-Holz-Konstruktion – Innenansicht

Bild 070|5-07
Bild 070|5-08

Bild 070|5-09

Bild 070|5-10

Bild 070|5-11

Dachgeschoßausbau Stahl-Holz-Konstruktion – Details

Bilder 070|5-09 bis 11

Bild 070|5-12

Bild 070|5-13

Dachgeschoßausbau Stahlkonstruktion – Übersicht
Dachgeschoßausbau Stahlkonstruktion – gelochte Bodenträger

Bild 070|5-12
Bild 070|5-13

Bild 070|5-14

Bild 070|5-15

Bild 070|5-16

Dachgeschoßausbau Stahlkonstruktion – Details

Bilder 070|5-14 bis 16

Quellennachweis

Dipl.-Ing. Dr. Anton PECH – Wien (A)
Autor und Herausgeber
Bilder: 070|1-03 bis 06, 070|3-01 bis 10, 070|5-12 bis 16
Beispiel: 070|5-02 (rechts)

Dipl.-Ing. Dr. Karlheinz HOLLINSKY – Wien (A)
Autor
Bilder: 070|3-23 und 24, 070|5-01 und 02, 070|5-07 bis 11

Bmst. Dipl.-Ing. Peter STÖGERER – Wien (A)
fachtechnische Beratung

em. O.Univ.-Prof. Baurat hc. Dipl.-Ing. Dr. Alfred PAUSER – Wien (A)
fachtechnische Beratung und Durchsicht des Manuskripts der 1. Auflage

O.Univ.-Prof. Dipl.-Ing. Wolfgang WINTER – Wien (A)
Bilder: 070|3-16 bis 20, 070|3-28 und 29

Dipl.-Ing. (FH) Peter HERZINA – Wien (A)
Bilder: 070|1-01 und 02, 070|1-07 bis 17, 070|3-14

Eva-Elisabeth PECH, Sebastian PECH, Andreas TRINKO, Andreas KÖPF – Wien (A)
Layout, Zeichnungen, Grafiken, Bildformatierungen

Davie KRIEGER BSc. – Wien (A)
Mitarbeit bei der Manuskripterstellung der Kapitel 070|2 und 070|3

Graf Holztechnik GmbH – Horn (A)
Bilder: 070|3-12, 070|3-25, 070|5-03, 070|5-05 und 06, Titelbild

Mach-Holzbau, Karl Mach Gesellschaft m.b.H. – Wien (A)
Bilder: 070|3-13, 070|3-21, 070|3-26 und 27

Marius RAUNICHER – FH-Bau Wien (A)
Beispiel: 070|5-02 (links)

Fa. Holzbau Maier GmbH & Co. KG – Bramberg (A)
Bilder: 070|3-11, 070|3-15, 070|3-32 und 33

Fa. Simpson Strong-Tie GmbH – Syke (D)
Bilder: 070|3-30 und 31

Josef Lux und Sohn Baumeister GmbH – Hainfeld (A)
Bilder: 070|3-22

Zimmerei Fahrenberger GmbH – Gresten (A)
Bild: 070|5-04

KLH Massivholz GmbH – Teufenbach-Katsch (A)
Beispiel: 070|5-01

Literaturverzeichnis

FACHBÜCHER

[1] *Ahnert, Krause:* Typische Baukonstruktionen von 1860 bis 1960 – Band 1 – Gründungen, Wände, Decken, Dachtragwerke. Bauverlag, Berlin.

[2] *Beazley:* Das große Buch vom Holz. Nikol Verlagsgesellschaft, Hamburg. 1976

[3] *Böhm:* Handbuch der Holzkonstruktionen. Springer, Berlin. 1911

[4] *Dierks, Hermann, Schneider, Tietge, Wormuth:* Baukonstruktion. Werner-Verlag, Düsseldorf. 1998

[5] *Frick, Knöll, Neumann, Weinbrenner:* Baukonstruktionslehre Teil 2. Teubner, Stuttgart. 2004

[6] *Gerner:* Handwerkliche Holzverbindungen der Zimmerer. Deutsche Verlags-Anstalt, 1992

[7] *Gesteschi:* Hölzerne Dachkonstruktionen. Ernst & Sohn, Berlin. 1954

[8] *Hempel:* Sparren- und Kehlbalkendecken. Bruderverlag, 1969

[9] *Herzog, Natterer, Schweitzer, Volz, Winter:* Holzbau-Atlas. Birkhäuser, München. 2003

[10] *Huber, Wietek, Kalbmayer, Pommer, Hollinsky, Pass, Pöhn:* Baustoffkunde – Technologie der Bau- und Werkstoffe. Manz, Wien. 2002

[11] *Leder:* Hochbaukonstruktionen. Band 3: Dachdeckungen. Springer, Wien. 1985

[12] *Mönck:* Holzbau. Verlag für Bauwesen, Berlin. 1991

[13] *Pech, Kolbitsch, Zach:* Baukonstruktionen Band 2: Tragwerke. Springer, Wien. 2007

[14] *Pech, Kolbitsch:* Baukonstruktionen Band 4: Wände. Springer, Wien. 2005

[15] *Pech, Hollinsky, Zach:* Baukonstruktionen Band 8: Steildach. Birkhäuser, Basel. 2015

[16] *Pech, Aichholzer, Doubek, Höfferl, Hollinsky, Passer, Teibinger, Woschitz:* Baukonstruktionen Sonderband: Holz im Hochbau. Birkhäuser, Basel. 2016

[17] *Riccabona:* Baukonstruktonslehre 2 – Stiegen, Dächer, Fenster, Türen. Manz, Wien. 1994

[18] *Strade:* Die Holzkonstruktionen. Reprint Verlag, Leipzig. 1904

[19] *Wagenführ:* Anatomie des Holzes. VEB Fachbuchverlag, Leipzig. 1989

[20] *Werner:* Holzbau – Teil 2, Dach- und Hallentragwerke. Werner-Verlag, Düsseldorf. 1993

VERÖFFENTLICHUNGEN

[21] *Brand:* Dachkonstruktionen aus Holz – Zimmermannsmäßige Dachtragwerke. Diplomarbeit TU-Wien, Institut für Hochbau, Wien. 1995

[22] *Flickinger:* Dachkonstruktionen aus Holz – Der Werkstoff Holz. Diplomarbeit TU-Wien, Institut für Hochbau, Wien. 1995

[23] *Raunicher:* Hausdächer – Dachstühle – Dachtragwerke. Diplomarbeit FH-Campus Wien, Wien. 2004

GESETZE, RICHTLINIEN

[24] *Bundesholzwirtschaftsrat:* Österreichische Holzhandelsusancen 1973. Wiener Börse, Wien. 2001

NORMEN

[25] *DIN 1052-1:* Prüfverfahren für Mauerwerk – Teil 1: Bestimmung der Druckfestigkeit; Deutsche Fassung EN 1052-1:1998. Deutsches Institut für Normung, Berlin. 1998-12

[26] *DIN 4074-1:* Sortierung von Holz nach der Tragfähigkeit – Teil 1: Nadelschnittholz. Deutsches Institut für Normung, Berlin. 2003-06

[27] *DIN 4076-1:* Benennungen und Kurzzeichen auf dem Holzgebiet; Holzarten. Deutsches Institut für Normung, Berlin. 1985-10

[28] *DIN 68252-1:* Begriffe für Schnittholz; Form und Maße. Deutsches Institut für Normung, Berlin. 1978-01

[29] *ÖNORM B 1990-1:* Eurocode – Grundlagen der Tragwerksplanung – Teil 1: Hochbau – Nationale Festlegungen zu ÖNORM EN 1990 und nationale Ergänzungen. Österreichisches Normungsinstitut, Wien. 2013-01-01

[30] *ÖNORM B 1991-1-1:* Eurocode 1: Einwirkungen auf Tragwerke – Teil 1-1: Allgemeine Einwirkungen – Wichten, Eigengewicht, Nutzlasten im Hochbau – Nationale Festlegungen zu ÖNORM EN 1991-1-1 und nationale Ergänzungen. Österreichisches Normungsinstitut, Wien. 2011-12-01

[31]   *ÖNORM B 1991-1-3:* Eurocode 1: Einwirkungen auf Tragwerke – Teil 1-3: Allgemeine Einwirkungen – Schneelasten – Nationale Festlegungen zur ÖNORM EN 1991-1-3, nationale Erläuterungen und nationale Ergänzungen. Österreichisches Normungsinstitut, Wien. 2013-09-01

[32]   *ÖNORM B 1991-1-4:* Eurocode 1: Einwirkungen auf Tragwerke – Teil 1-4: Allgemeine Einwirkungen – Windlasten – Nationale Festlegungen zu ÖNORM EN 1991-1-4 und nationale Ergänzungen. Österreichisches Normungsinstitut, Wien. 2013-05-01

[33]   *ÖNORM B 1995-1-1:* Eurocode 5: Bemessung und Konstruktion von Holzbauten – Teil 1-1: Allgemeines – Allgemeine Regeln und Regeln für den Hochbau – Nationale Festlegungen, nationale Erläuterungen und nationale Ergänzungen zur ÖNORM EN 1995-1-1. Österreichisches Normungsinstitut, Wien. 2015-06-15

[34]   *ÖNORM B 1995-1-2:* Eurocode 5: Entwurf, Berechnung und Bemessung von Holzbauten – Teil 1-2: Allgemeine Regeln – Bemessung für den Brandfall – Nationale Festlegungen zu ÖNORM EN 1995-1-2, nationale Erläuterungen und nationale Ergänzungen. Österreichisches Normungsinstitut, Wien. 2011-09-01

[35]   *ÖNORM B 1998-1:* Eurocode 8: Auslegung von Bauwerken gegen Erdbeben – Teil 1: Grundlagen, Erdbebeneinwirkungen und Regeln für Hochbauten - Nationale Festlegungen zu ÖNORM EN 1998-1 und nationale Erläuterungen. Österreichisches Normungsinstitut, Wien. 2011-06-15

[36]   *ÖNORM B 2215:* Holzbauarbeiten – Werkvertragsnorm. Österreichisches Normungsinstitut, Wien. 2009-07-15

[37]   *ÖNORM B 3800-4:* Brandverhalten von Baustoffen und Bauteilen – Teil 4: Bauteile: Einreihung in die Brandwiderstandsklassen. Österreichisches Normungsinstitut, Wien. 2000-05-01

[38]   *ÖNORM B 4010:* Belastungsannahmen im Bauwesen; Eigenlasten von Baustoffen und Bauteilen. Österreichisches Normungsinstitut, Wien. 1982-05-01

[39]   *ÖNORM B 4100-1:* Holzbau – Holztragwerke – Teil 1: Kurzzeichen, Symbole, Plandarstellung. Österreichisches Normungsinstitut, Wien. 2003-03-01

[40]   *ÖNORM B 4100-2:* Holzbau – Holztragwerke – Teil 2: Berechnung und Ausführung. Österreichisches Normungsinstitut, Wien. 2004-03-01

[41]   *ÖNORM DIN 4074-1:* Sortierung von Holz nach der Tragfähigkeit – Teil 1: Nadelschnittholz. Österreichisches Normungsinstitut, Wien. 2012-06-01

[42]   *ÖNORM EN 338:* Bauholz für tragende Zwecke – Festigkeitsklassen. Österreichisches Normungsinstitut, Wien. 2003-07-01

[43]   *ÖNORM EN 338:* Bauholz für tragende Zwecke – Festigkeitsklassen. Österreichisches Normungsinstitut, Wien. 2013-10-01

[44]   *ÖNORM EN 1990:* Eurocode – Grundlagen der Tragwerksplanung (konsolidierte Fassung). Österreichisches Normungsinstitut, Wien. 2013-03-15

[45]   *ÖNORM EN 1991-1-1:* Eurocode 1: Einwirkungen auf Tragwerke – Teil 1-1: Allgemeine Einwirkungen – Wichten, Eigengewicht und Nutzlasten im Hochbau (konsolidierte Fassung). Österreichisches Normungsinstitut, Wien. 2011-09-01

[46]   *ÖNORM EN 1991-1-1:* Eurocode 1: Einwirkungen auf Tragwerke – Teil 1-1: Allgemeine Einwirkungen – Wichten, Eigengewichte, Nutzlasten im Hochbau – Nationale Festlegungen zu ÖNORM EN 1991-1-1 und nationale Ergänzungen. Österreichisches Normungsinstitut, Wien. 2003-12-01

[47]   *ÖNORM EN 1991-1-3:* Eurocode 1: Einwirkungen auf Tragwerke – Teil 1-3: Allgemeine Einwirkungen, Schneelasten. Österreichisches Normungsinstitut, Wien. 2012-03-01

[48]   *ÖNORM EN 1991-1-4:* Eurocode 1: Einwirkungen auf Tragwerke – Teil 1-4: Allgemeine Einwirkungen – Windlasten (konsolidierte Fassung). Österreichisches Normungsinstitut, Wien. 2011-05-15

[49]   *ÖNORM EN 1995-1-1:* Eurocode 5: Bemessung und Konstruktion von Holzbauten – Teil 1-1: Allgemeines – Allgemeine Regeln und Regeln für den Hochbau (konsolidierte Fassung). Österreichisches Normungsinstitut, Wien. 2015-06-15

[50]   *ÖNORM EN 1998-1:* Eurocode 8: Auslegung von Bauwerken gegen Erdbeben – Teil 1: Grundlagen, Erdbebeneinwirkungen und Regeln für Hochbauten (konsolidierte Fassung). Österreichisches Normungsinstitut, Wien. 2013-06-15

[51]   *ÖNORM EN 13556:* Rund- und Schnittholz – Nomenklatur der in Europa verwendeten Handelshölzer. Österreichisches Normungsinstitut, Wien. 2003-09-01

[52]   *ÖNORM EN 14080:* Holzbauwerke – Brettschichtholz und Balkenschichtholz – Anforderungen. Österreichisches Normungsinstitut, Wien. 2013-08-01

[53]   *ÖNORM EN 14081-1:* Holzbauwerke – Nach Festigkeit sortiertes Bauholz für tragende Zwecke mit rechteckigem Querschnitt – Teil 1: Allgemeine Anforderungen. Österreichisches Normungsinstitut, Wien. 2016-06-01

[54]   *ÖNORM EN 15497:* Keilgezinktes Vollholz für tragende Zwecke – Leistungsanforderungen und Mindestanforderungen an die Herstellung. Österreichisches Normungsinstitut, Wien. 2014-10-15

[55]   *ÖNORM EN 16351:* Holzbauwerke – Brettschichtholz – Anforderungen (Normentwurf). Österreichisches
         Normungsinstitut, Wien. 2013-08-01

PROSPEKTE, INTERNET
[56]   *SFS intec AG .* Heerbrugg (CH).
[57]   *Simpson Strong-Tie GmbH.* Syke (D).

Sachverzeichnis